Seishi Yokomizo

Die rätselhaften Honjin-Morde

atb aufbau taschenbuch

Seishi Yokomizo, 1902-1981, ist einer der berühmtesten und beliebtesten japanischen Autoren von Kriminalromanen. Er wurde in Kobe geboren und las als Junge unzählige Detektivgeschichten, bevor er selbst mit dem Schreiben begann. Allein seine Serie um Kosuke Kindaichi besteht aus 77 Büchern. »Die rätselhaften Honjin-Morde« ist der erste Band dieser Reihe und gewann sogleich den ersten Preis für Kriminalautoren Japans.

Bei Blumenbar liegen ebenfalls »Mord auf der Insel Gokumon«, »Das Dorf der acht Gräber«, »Der Inugami-Fluch« und »Die Spatzenmorde von Onikobe« vor.

Ursula Gräfe hat Japanologie, Anglistik und Amerikanistik in Frankfurt am Main studiert. Seit 1989 arbeitet sie als Literaturübersetzerin aus dem Japanischen und Englischen und hat neben zahlreichen Werken Haruki Murakamis auch Sayaka Murata und Asako Yuzuki ins Deutsche übertragen.

Es ist der Winter 1937, und das Dorf O. befindet sich in heller Aufruhr: Schon bald wird die renommierte Ichiyanagi-Familie ihren Sohn vermählen. Aber unter den Tratsch über das anstehende Fest mischt sich ein beängstigendes Gerücht: Ein maskierter Mann streift durch den Ort und fragt die Leute zu den Ichiyanagis aus. In der Hochzeitsnacht erwacht die Familie durch einen furchtbaren Schrei. Das frisch verheiratete Paar wird tot aufgefunden. Es gibt keine Spur außer einem blutigen Schwert, das im reinen Schnee im Hof des Anwesens steckt. Das Verbrechen gibt Rätsel auf, denn Tür und Fenster des Raums waren von innen verschlossen. Doch der Privatdetektiv Kosuke Kindaichi will den Fall unbedingt lösen.

Seishi Yokomizo gilt als Japans beliebtester Autor klassischer Kriminalromane und versteht sich meisterhaft auf das raffinierte Spiel mit seinen Lesenden.

Seishi Yokomizo

Die rätselhaften Honjin-Morde

Kriminalroman

Aus dem Japanischen
von Ursula Gräfe

atb aufbau taschenbuch

Die Originalausgabe unter dem Titel
HONJIN SATSUJIN JIKEN
erschien 1973 bei KADOKAWA CORPORATION, Tokio.

MIX
Papier | Fördert gute Waldnutzung
FSC® C083411

ISBN 978-3-7466-3823-2

Aufbau Taschenbuch ist eine Marke der
Aufbau Verlage GmbH & Co. KG

6. Auflage 2025
Vollständige Taschenbuchausgabe

www.aufbau-verlage.de
10969 Berlin, Prinzenstraße 85
Die deutsche Erstausgabe erschien 2022 bei Blumenbar,
einer Marke der Aufbau Verlage GmbH & Co. KG

Satz LVD GmbH, Berlin
Umschlaggestaltung zero-media.net, München
unter Verwendung eines Bildes von © Anna Morrison
Druck und Binden CPI books GmbH, Leck, Germany

Printed in Germany

Inhalt

1 Der Mann mit den drei Fingern

Bevor ich mit der Niederschrift dieser seltsamen Geschichte begann, wollte ich mir zunächst einen Überblick über den Schauplatz des grausigen Verbrechens verschaffen, weshalb ich mich eines Nachmittags im Vorfrühling mit meinem Spazierstock in der Hand auf den Weg zu dem berüchtigten Anwesen machte.

Seit ich im Mai des vergangenen Jahres, als die Bombenangriffe ihren Höhepunkt erreichten, in dieses Dorf in der Präfektur Okayama evakuiert worden war, hatte jeder, dem ich dort begegnete, mir mindestens einmal von den »Koto-« oder »Honjin-Morden«, wie manche sagten, im Haus der Familie Ichiyanagi erzählt.

Sobald die Leute hören, dass ich Kriminalromane schreibe, fühlen sie sich im Allgemeinen bemüßigt, mir von jedem Mordfall zu berichten, von dem sie einmal Kenntnis erlangt haben.

Offenkundig war den Dorfbewohnern meine berufliche Tätigkeit zu Ohren gekommen, so dass mir nun jeder von diesen Morden erzählte. Für sie konnte es natürlich kaum einen denkwürdigeren Fall geben, und doch waren sich die meisten der grausamen Ausmaße dieses Verbrechens nicht bewusst.

Solche kolportierten Geschichten sind normalerweise für mich nie so interessant wie für den Erzähler, geschweige denn, dass sie sich als Vorlage für ein Buch eignen würden. Das war bisher noch nie vorgekommen. Doch dieser Fall war anders. Als ich zum ersten Mal davon munkeln hörte, war ich sofort fasziniert. Der Bericht, den ich schließlich von Dr. F. erhielt, dem Arzt, der unmittelbar mit dem Fall zu tun gehabt hatte, versetzte mich in höchste Aufregung. Dies war kein gewöhnlicher Mord. Der Täter hatte seine grässliche Tat bis in jede Einzelheit geplant. Mehr noch, sie war würdig, das Etikett *Locked Room Murder Mystery* zu tragen – ein Genre, an dem sich jeder anständige Kriminalautor irgendwann in seiner Laufbahn versucht.

Der Mord hatte in einem Raum stattgefunden, den der Mörder weder betreten noch verlassen haben konnte. Die Rekonstruktion der Abläufe bedeutete eine reizvolle Herausforderung für mich als Schriftsteller. Meinem geschätzten Freund Eizo Inoue zufolge sind sämtliche Werke des großen John Dickson Carr Varianten der sogenannten *Locked Room Murder Mystery*, des »Mordes im verschlossenen Raum«. Von Berufs wegen hegte ich seit Langem die Absicht, mich eines Tages an diesem Genre zu versuchen, und nun fiel mir ein solcher Fall unerwartet in den Schoß. Es mag makaber klingen, aber eigentlich schulde ich dem Mörder Dank für die derart teuflische und perfide Methode, mit der er brutal einen Mann und eine Frau erstach.

Als ich die Geschichte hörte, durchforstete ich sofort mein Gedächtnis, welche mir bekannte Romane ähnliche Fälle behandelten. *Das Geheimnis des gelben Zimmers* von Gaston Leroux und *Arsène Lupin – Der Zahn des Tigers* von Maurice Leblanc kamen mir als erste in den Sinn, dann *Der Mordfall Canary* und *Der Mordfall Terrier*, beide von S. S. Van Dine, und schließlich *The Plague Court Murders* von Carr. Sogar in *Murder Among the Angells* von Roger Scarlett glaubte ich, eine Variante zu erkennen. Allerdings unterschied sich der Honjin-Mordfall, dem ja eine wahre Geschichte zugrunde lag, deutlich von den genannten. Vielleicht hatte der Mörder einfach eine Auswahl solcher Romane gelesen, die einzelnen Finten genau unter die Lupe genommen und sich passende Versatzstücke für seinen eigenen Entwurf herausgesucht. Das wäre zumindest eine Theorie.

Das Geheimnis des gelben Zimmers verfügt über die größte Ähnlichkeit mit dem Fall, allerdings weniger die Fakten als Schauplatz und Atmosphäre betreffend. Hier ist der Tatort ein Zimmer mit gelber Tapete, im Honjin-Mordfall sind Pfeiler, Balken, Decke und Läden ockerrot gestrichen. Ocker war kein ungewöhnlicher Farbton für Innenräume in dieser Region, auch das Haus, in dem ich wohnte, war in dieser Farbe gestrichen, nur dass das leuchtende Rot mit den Jahren einem dunklen bräunlichen Schimmer gewichen war. Im Gegensatz dazu war der Raum, in dem der Mord geschah, vor Kurzem gestrichen worden und erstrahlte vermutlich in frischem Rot. Die Tatami waren ebenfalls ganz neu sowie auch die Fusuma, die die beiden Haupträume trennten. Zudem stand in dem größeren von beiden ein mit Blattgold überzogener Wandschirm. Das einzige Unschöne darin war wohl das in seinem eigenen karmesinroten Blut liegende Brautpaar.

Eine Seite an diesem Fall faszinierte mich besonders, nämlich die zentrale Rolle, die das traditionelle japanische Saiteninstrument, die Koto, darin spielte. Sobald ein kritischer Moment erreicht war, ertönte auf geheimnisvolle Weise die Koto. Dies übte auf mich, einen hoffnungslosen Romantiker, einen ungeheuer starken Reiz aus. Ein Mord in einem verschlossenen ockerroten Raum und der Klang einer Koto – auf mich als Schriftsteller wirkten diese Motive unwiderstehlich wie eine köstliche Droge, und ich fürchtete, ihre Wirkung würde nachlassen, wenn ich mich mit dem Schreiben nicht beeilte.

Aber ich will nicht vorgreifen. Von meinem Haus bis zum Anwesen der Familie Ichiyanagi waren es ungefähr fünfzehn Minuten zu Fuß. Es liegt in einem Weiler namens Yamanoya, etwas außerhalb des Dorfes O. Nördlich von Yamanoya befindet sich eine kleine Hügelkette mit drei sanften Erhebungen, die mich irgendwie an die Arme eines Seesterns erinnerten. Unterhalb eines dieser Arme erstreckt sich das Anwesen der Familie Ichiyanagi.

An der Westseite des Seesternhügels fließt ein Bach, und auf der Ostseite führt ein Weg am Anwesen vorbei ins Dorf H. Bach und Weg treffen unterhalb des Hügels zusammen, und auf dem etwa eineinhalb Hektar umfassenden dreieckigen Grundstück dazwischen liegt das Anwesen. Es ist also im Norden von den Hügeln, im Westen vom Bach und im Osten vom Weg nach H. gesäumt. Das Haupttor liegt ein wenig zurückgesetzt am Weg auf der Ostseite.

Ich ging vom Weg ein Stückchen hinauf zu dem mit schwarzen Ziernieten beschlagenen Tor. Links und rechts davon erstreckte sich eine insgesamt über hundert Meter lange imposante Mauer. Bei einem Blick durch das Tor stellte ich fest, dass sich dahinter eine weitere Einfriedung befand, die die Aussicht auf das Innere versperrte. Das Ganze mutete hochherrschaftlich an.

Von dort ging ich zur Westseite um das Anwesen herum und folgte dem Bach nach Norden, wo ich am nördlichsten Ende der Außenmauer auf eine baufällige Wassermühle und eine einfache lehmgepflasterte Holzbrücke stieß. Ich überquerte sie, stieg den Hang hinauf und kroch durch das wuchernde Bambusdickicht. Oben auf dem Hügel hatte man in südlicher Richtung das gesamte Anwesen in Blick.

Unmittelbar unter mir lag das Dach des Nebengebäudes, in dem der schreckliche Mord geschehen war. Nach dem, was ich im Dorf gehört hatte, war es ursprünglich für die Witwe Itoko, die Herrin des Anwesens, gebaut worden, weshalb es nur über zwei Räume verfügte, der eine acht und der andere sechs Tatami groß. Zu diesem eher kleinen Bau gehörte ein nach Südwesten ausgerichteter Garten mit Bäumen, Büschen und Zierfelsen, der im Verhältnis fast zu weitläufig erschien.

Ich werde dieses Nebengebäude noch ausführlicher schildern, doch als ich jetzt darüber hinweg nach Süden blickte, staunte ich zunächst über das prachtvolle nach Osten weisende Haupthaus und betrachtete die von der erweiterten Familie bewohnten Räumlichkeiten dahinter sowie die unregelmäßig verstreut liegenden Speicher und Schuppen.

Haupthaus und Nebengebäude waren durch einen hohen Zaun mit einem einfachen Gartentor aus Ästen und Bambus getrennt. Zaun und Tor waren unterdessen fast bis zur Unkenntlichkeit verrottet, aber zur Zeit des Mordfalls mussten sie noch in so stabilem Zustand gewesen sein, dass sie die auf die Schreie hin herbeigeeilten Bewohner aufhielten.

Damit hatte ich genug gesehen. Nachdem ich mich wieder aus dem Bambusdickicht herausgearbeitet hatte, machte ich mich auf den Weg zum Rathaus in O. an der Südseite des Dorfes, wo es kaum noch Häuser gab. Ging man von dort weiter nach Süden, erstreckten sich bis zur nächsten Ortschaft K. nur noch von einer breiten zweispurigen Straße durchschnittene Reisfelder. Nach etwa vierzig Minuten Fußmarsch gelangte man an eine Bahnstation. Das heißt, für Zugreisende gab es keine andere Möglichkeit, nach O. zu gelangen, als über diese Straße, so dass unweigerlich jeder am Rathaus vorbeikam, dem gegenüber sich eine Gastwirtschaft mit Lehmboden und großem Fenster befand. Fuhrleute und Händler kehrten hier ein. Vor allem jedoch wurde in diesem Wirtshaus zum ersten Mal die Person gesehen, die im weiteren Verlauf eine zentrale Rolle bei den sogenannten Honjin-Morden spielen sollte – nämlich der Mann mit den drei Fingern.

Dies geschah am 23. November des Jahres Showa 12, also 1937, vor Sonnenuntergang und damit zwei Tage vor dem tragischen Ereignis.

Die Okamisan, also die Wirtin, saß auf einem Holzhocker vor ihrer Kneipe und plauderte mit zwei Stammgästen, einem Fuhrmann und dem Rathausdiener, als aus Richtung K. der

Mann die breite Straße entlanggehumpelt kam und vor dem Wirtshaus haltmachte.

»Könnten Sie mir sagen, wie ich zum Anwesen der Ichiyanagis komme?«

Die Okamisan, der Rathausdiener und der Fuhrmann verstummten und wechselten einen Blick, nachdem sie die Aufmachung des Mannes beäugt hatten. Er gehörte nicht gerade zu den Leuten, denen man einen Besuch bei den vornehmen Ichiyanagis zutraute. Seinen ramponierten Filzhut hatte er sich tief ins Gesicht gezogen, außerdem trug er einen Mundschutz. Die Haare, die unter dem Hut hervorschauten, waren verfilzt, und sein Kinn war voller Bartstoppeln. Jedenfalls erschien er der Wirtin und ihren Freunden höchst zwielichtig. Er trug keinen Mantel, hatte aber wegen der Kälte den Kragen seiner schmutzstarrenden, abgewetzten Jacke hochgeschlagen. Seine Hose war auch nicht sauberer und an den Knien durchgescheuert. Auf seinen Schuhen lag eine graue Staubschicht, und die Sohlen hatten sich gelöst. Alles an diesem Mann wirkte verwahrlost. Sein Alter war schwer zu schätzen, aber er musste um die dreißig sein.

»Zum Anwesen geht's da lang. Aber was hast du denn mit der Familie Ichiyanagi zu schaffen?«

Streng musterte der Rathausdiener den Mann, der ständig blinzelte und hinter seiner Maske etwas Unverständliches murmelte.

Just in diesem Augenblick näherte sich aus der gleichen Richtung, aus der der Mann gekommen war, eine Rikscha.

»He«, rief die Okamisan, »da kommt gerade der Herr, nach

dem du suchst. Der Herr Ichiyanagi, dem das Anwesen gehört.«

Der Fahrgast in der Rikscha war ein Mann um die vierzig mit strenger und etwas düsterer Miene. Er trug einen dunklen Anzug und saß kerzengerade in seinem Sitz. Er blickte stur geradeaus, ohne sich ein einziges Mal umzusehen. Die vorstehenden Wangenknochen und die markante Nase verliehen seinen Zügen eine gewisse unnahbare Härte.

Bei diesem Mann handelte es sich um Kenzo, das derzeitige Oberhaupt der Familie Ichiyanagi. Die Rikscha fuhr an der Gruppe vorbei und verschwand hinter der nächsten Biegung.

Der Fuhrmann wartete, bis sie außer Sichtweite war, ehe er sich der Okamisan zuwandte.

»Man munkelt, der junge Herr hat eine Braut gefunden. Ist das wahr?«

»Scheint so. Die Hochzeit soll übermorgen stattfinden.«

»Was? So bald schon? Das kommt ja plötzlich.«

»Wenn er zu lange wartet, gibt es bestimmt wieder alle möglichen Einwände. Dem will er zuvorkommen. Die Hochzeit ist jetzt beschlossene Sache und wird stattfinden. Wenn der sich etwas in den Kopf gesetzt hat, hält ihn so schnell nichts auf.«

»Deshalb ist er bestimmt ein so großer Gelehrter geworden«, sagte der Rathausdiener. »Immerhin hat er die Zustimmung der Alten erhalten.«

»Natürlich ist sie nicht einverstanden. Aber am Ende musste sie wohl nachgeben, heißt es. Je mehr sie sich gewehrt hat, desto sturer wurde der junge Herr.«

»Wie alt ist er denn jetzt? Um die vierzig?«, fragte der Fuhrmann.

»Genau«, antwortete der Rathausdiener. »Und es ist seine erste Ehe.«

»Ein verliebter Mann in mittleren Jahren ist leidenschaftlicher als ein junger.«

»Außerdem ist die Braut erst fünf- oder sechsundzwanzig«, sagte die Okamisan. »Eine Tochter von Rinkichi, heißt es. Die hat einen guten Fang gemacht. So was nennt man ein gemachtes Nest. Dabei sieht sie nicht mal besonders aus.«

»Darauf kommt es nicht an. Sie ist Lehrerin an einer Mädchenschule, also klug und tüchtig, das macht sie zu einer guten Partie für den jungen Herrn. Mädchen ohne Ausbildung sind heutzutage nicht mehr gefragt.«

»Sie wollen doch nicht etwa noch studieren, um sich einen reichen Ehemann zu angeln, Frau Wirtin?«

»Was denkst du denn!«

Die drei brachen in Gelächter aus.

»Okamisan, entschuldigen Sie«, meldete der fremde Mann sich zögernd zu Wort. »Könnte ich vielleicht einen Schluck Wasser haben? Meine Kehle ist wie ausgedörrt ...«

Die drei wandten sich entgeistert um. Sie hatten seine Existenz völlig vergessen. Die Okamisan warf ihm einen missbilligenden Blick zu, brachte ihm dann aber doch ein Glas Wasser. Der Mann bedankte sich und schob zum Trinken die Maske hoch. Wieder wechselten die Dörfler einen Blick.

Der Mann hatte eine lange Narbe auf der rechten Wange, wo anscheinend ein tiefer Schnitt genäht worden war. Die

Narbe verlief von seinem rechten Mundwinkel über die ganze Wange, als hätte jemand ihm das halbe Gesicht aufgeschlitzt. Offenbar sollte die Maske ihn weniger vor Staub und Krankheiten schützen, als vielmehr die Narbe verbergen. Außerdem fiel den dreien ein weiteres grausiges Merkmal ins Auge, als er das Glas umfasste. Er hatte nur drei Finger an der rechten Hand. Der Ringfinger und der kleine Finger waren Stümpfe. Nur Daumen, Zeige- und Mittelfinger waren vollständig.

Der Mann mit den drei Fingern trank sein Wasser aus, dankte der Okamisan und humpelte in die Richtung, in die die Rikscha gefahren war. Die drei Dorfbewohner starrten ihm nach.

»Was war das denn für einer?«

»Was der wohl von den Ichiyanagis will?«

»Ein widerwärtiger Kerl. Und sein Maul! Das Glas benutze ich nie wieder!«

Die Okamisan stellte das benutzte Glas ganz ans Ende des Regals, eine Entscheidung, die sich in den nächsten Tagen als ausgesprochen hilfreich erweisen sollte.

Falls Sie zu den Lesern und Leserinnen gehören, die darauf achten, was zwischen den Zeilen einer Geschichte steht, und sich Einzelheiten merken, haben Sie vielleicht schon erraten, was ich sagen will. Nämlich, dass man nur drei Finger braucht, um eine Koto zu spielen. Denn die Saiten werden mit Daumen, Zeige- und Mittelfinger gezupft.

2 Die Erben des Honjin

Nach Aussage der älteren Leute im Dorf stammte die wohlhabende Familie Ichiyanagi ursprünglich gar nicht aus O., sondern aus der Nachbarstadt K., was sie bei den engstirnigen Dörflern von vorneherein unbeliebt machte.

K. lag früher an der alten Chugoku-kaido, einem Abschnitt der Hauptverbindungsstraße zwischen Ost- und Westjapan. In der Edo-Zeit war dort eine Raststation für Reisende gewesen, und die Ichiyanagis hatten damals ein sogenanntes Honjin geführt, ein Gasthaus, in dem ausschließlich Adlige übernachteten. Als jedoch der Shogun gestürzt und Ende der 1860er Jahre das kaiserliche System wiederhergestellt wurde, ahnte das Oberhaupt der Familie Ichiyanagi, dass der Verlust ihres Honjin bevorstand. Er verfügte über die Weitsicht, mit seiner Familie an ihren jetzigen Standort zu ziehen, bevor das alte Feudalsystem gänzlich zusammenbrach. Er machte sich die unruhigen Zeiten zunutze und erwarb eine Menge Ackerland zu günstigsten Preisen, so dass er bald einer der reichsten Grundbesitzer der Gegend war. Deshalb beschimpften die Alteingesessenen die Ichiyanagis gern als eine Bande von Emporkömmlingen und nannten sie »Kappa« – im allgemeinen Sprachgebrauch eine Art Wasserkobold und ein lokales Schimpfwort für aus K. Zugezogene.

Zum Zeitpunkt des grausigen Mordfalls lebten mehrere Personen auf dem Anwesen. Erstens Itoko, die Witwe des früheren Familienoberhaupts und Hausherrin, damals siebenundfünfzig Jahre alt. Sie trug ihr Haar stets sorgfältig zu einem für ihr Alter noch sehr vollen Knoten frisiert und gab sich immer höchst würdevoll. Aus einer Familie zu stammen, die einst ein Honjin geführt hatte, war ihr ganzer Stolz, und die Dorfbewohner nannten sie nur die »alte Gnädige«.

Die Witwe Itoko hatte fünf Kinder, aber nur drei lebten damals auf dem Anwesen, darunter ihr ältester Sohn Kenzo, der an einer renommierten Privatuniversität in Kyoto Philosophie studiert hatte. Nach seinem Abschluss unterrichtete er noch einige Jahre an seiner Alma Mater, zog sich jedoch ein Lungenleiden zu und wohnte wieder bei seiner Mutter, da er sich schonen musste. Dennoch war er ein engagierter Wissenschaftler, und seine Isolation hinderte ihn nicht daran, seine Studien fortzuführen. Er schrieb Bücher, verfasste Artikel für Fachzeitschriften und wurde mit der Zeit ein anerkannter Gelehrter.

Anscheinend lag es auch gar nicht so sehr an seiner schlechten Gesundheit, dass er mit vierzig noch unverheiratet war. Er war einfach zu sehr mit seinen Studien beschäftigt gewesen, um sich mit derartigen Dingen zu befassen.

Die Nächstjüngere war Itokos ältere Tochter Taeko. Sie hatte einen Geschäftsmann geheiratet und lebte damals in Shanghai, war also nicht unmittelbar von den Ereignissen jener Nacht betroffen. Itokos zweitältester Sohn Ryuji arbeitete als Arzt in einem großen Krankenhaus in Osaka. Auch er hatte sich in der bewussten Nacht nicht auf dem Familiensitz aufgehalten. Allerdings war er dorthin geeilt, sobald er von dem furchtbaren Unglück hörte, und hatte daher Einblick in die Geschehnisse unmittelbar danach. Er war zu jenem Zeitpunkt fünfunddreißig Jahre alt.

Nach Ryujis Geburt hatten Itoko und ihr Mann viele Jahre lang keine Kinder mehr bekommen, so dass alle schon dachten, es würde keinen weiteren Familienzuwachs geben, aber nach einer Wartezeit von nahezu zehn Jahren wurden noch ein Sohn und acht Jahre später eine Tochter geboren. Der Junge erhielt den Namen Saburo, das Mädchen nannten sie Suzuko. Zum Zeitpunkt des Mordes war Saburo fünfundzwanzig und Suzuko siebzehn Jahre alt.

Saburo war das schwarze Schaf der Familie. Er war von der Mittelschule verwiesen und anschließend auf eine private Berufsschule in Kobe geschickt worden, die er ebenfalls hatte verlassen müssen. Als der Mordfall sich ereignete, war er beschäftigungslos und faulenzte einfach nur zu Hause herum. An Intelligenz schien es ihm nicht zu mangeln, aber er begeisterte sich für nichts. Zudem war ihm auch eine gewisse Verschlagenheit zu eigen, und er genoss die allgemeine Verachtung des Dorfes.

Dagegen konnte einem Suzuko, die Jüngste, nur leidtun. Vielleicht lag es daran, dass ihre Eltern schon älter waren, als sie sie bekamen, jedenfalls war sie ein zerbrechliches kleines Wesen und blühte wie eine zarte Blume im Schatten. Sie war kränklich und dadurch etwas langsam. Nicht, dass sie geistig behindert gewesen wäre, in manchen Dingen war sie sogar äußerst begabt. Sie spielte so gut Koto, dass man sie beinahe als musikalisches Genie bezeichnen konnte. Hin und wieder hatte sie auch erstaunliche Geistesblitze, aber meistens verhielt sie sich wie ein Kind von sieben oder acht Jahren.

Neben der unmittelbaren Kernfamilie Ichiyanagi gab es noch einen Seitenzweig, dessen Oberhaupt Ryosuke, der damals achtunddreißigjährige Cousin von Kenzo und seinen Geschwistern, mit seiner Frau Akiko und ihren drei Kindern auch auf dem Anwesen lebte. Da diese Kinder eindeutig nichts mit dem Mordfall zu tun hatten, lasse ich sie unbeachtet.

Ryosuke war ein gänzlich anderer Typ als sein Cousin Kenzo. Er hatte lediglich die Grundschule abgeschlossen, war aber gut im Rechnen und weltgewandt. Somit war er sehr geeignet, die Familienangelegenheiten der Ichiyanagis in die Hand zu nehmen, was ihn zu Itokos engstem Vertrauten machte, da ihr exzentrischer ältester, dauerhaft abwesender zweiter und unzuverlässiger dritter Sohn ihr kaum eine Hilfe waren. Ryosukes Frau Akiko hatte keine besonderen Eigenschaften. Sie war, was man damals eine gute und fügsame Ehefrau nannte.

Das Anwesen der Ichiyanagis wurde also von sechs Erwachsenen bewohnt: der Witwe Itoko, Kenzo, Saburo, Suzuko, Ryosuke und Akiko. Sie führten einen konservativen, traditionellen Lebensstil. Alles war friedlich bis zu dem Moment, als Kenzo seine Verlobung bekannt gab. Es war, als hätte jemand einen großen Kieselstein in einen ruhigen Teich geworfen, auf dem sich die Wellen nun immer weiter ausbreiteten. Kenzos Auserwählte hieß Katsuko Kubo und war Lehrerin an einer Mädchenschule in Okayama. Die Familie Ichiyanagi hatte nichts gegen Katsuko persönlich, aber ihre Herkunft

– ihre sogenannte »Abstammung« – war ein Problem. Dieses Wort, das in Großstädten kaum noch gebräuchlich ist, spielt in ländlichen Gegenden bis heute eine Rolle. Damals, so könnte man sagen, prägte die Abstammung eines Menschen sein ganzes Leben. Nach dem Zweiten Weltkrieg befand man sich in einer Zeit des Umbruchs, in der die Bauern zunehmend weniger gezwungen waren, vor der Oberschicht oder den Reichen zu buckeln. Mit Japans Niederlage waren solche gesellschaftlichen Zwänge mit großem Getöse in sich zusammengefallen. Dennoch galt Herkunft noch immer viel. Der Anspruch auf Respekt und der Stolz, die mit der Geburt in eine angesehene Familie einhergingen, waren in den ländlichen Gemeinden noch lebendig, wobei auch genetische Defekte keine Rolle spielten. Kam zum Beispiel in der Familie eines angesehenen Gemeindemitglieds, das im Shogunat Dorfvorsteher gewesen war, ein männliches Kind mit einer geistigen oder körperlichen Behinderung, Epilepsie oder Ähnlichem zur Welt, hatte es aufgrund seiner Abstammung dennoch Anspruch darauf, zu gegebener Zeit Dorfvorsteher zu werden. Das gilt heute noch, und im Jahr 1937, in dem unsere Geschichte spielt, galt es umso mehr. Für die Ichiyanagis gab es also nichts Wichtigeres als das stolze Gefühl, dass ihre Vorfahren einst ein Honjin geführt hatten. Ihre Abstammung bedeutete ihnen alles.

Katsuko Kubos Vater hatte früher als Pächter in O. gelebt. Allerdings war er um einiges unternehmungslustiger gewesen als die anderen Bauern. So hatte er mit seinem jüngeren Bruder das Dorf verlassen und sich nach Amerika eingeschifft. Die Brüder arbeiteten auf Obstplantagen, bis sie genügend Geld gespart hatten, um nach Japan zurückzukehren und etwa vierzig Kilometer von ihrem Heimatdorf entfernt eine eigene Obstplantage zu gründen. Beide Brüder heirateten. Leider starb der ältere kurz nach der Geburt seiner kleinen Tochter Katsuko. Seine junge Witwe ließ Katsuko in der Obhut ihres Schwagers und kehrte in ihr Dorf zurück. So wuchs Katsuko bei ihrem Onkel auf. Sie erwies sich als ein sehr fleißiges Kind, und ihr Onkel scheute keine Kosten für die Ausbildung seiner Nichte. Nach ihrem Abschluss an einem Lehrerinnenseminar in Tokio nahm sie eine Stelle an einer Mädchenschule in Okayama an, die nicht allzu weit von ihrem Zuhause entfernt lag.

Die von Katsukos Vater und Onkel gegründete Obstplantage florierte, und der Onkel legte den Anteil seiner Nichte stets gewissenhaft beiseite. Sie arbeitete also nicht als Lehrerin, weil sie ihren Lebensunterhalt verdienen musste, sondern aus freien Stücken, denn sie besaß ein eigenes Vermögen. Aus Sicht der Familie Ichiyanagi spielte es jedoch keine Rolle, wie gebildet, klug oder intelligent sie war, nicht einmal ihr Vermögen zählte. Für sie war und blieb Katsuko die Tochter des früheren Kleinbauern Rinkichi Kubo, ohne Namen und ohne Stammbaum.

Kenzo hatte Katsuko kennengelernt, als er in Kurashiki vor einer Gruppe Studenten und Studentinnen einen Vortrag hielt. Nach ihrer ersten Begegnung hatte sie ihn mehrmals aufgesucht, um ihn um Hilfe bei ihrer fremdsprachlichen Lektüre zu bitten. Als sie sich etwa ein Jahr kannten, machte Kenzo ihr überraschend einen Heiratsantrag.

Wie bereits erwähnt, war die Familie Ichiyanagi strikt gegen diese Heirat, allen voran Itoko und Kenzos Cousin Ryosuke. Von Kenzos Geschwistern war es seine Schwester Taeko, die sich am meisten gegen die Verlobung wehrte und ihm deshalb sogar einen bitterbösen Brief schrieb. Andererseits besaß er die Unterstützung seines mittleren Bruders Ryuji, der Itoko ermahnte, ihrem ältesten Sohn keine Steine in den Weg zu legen, obwohl er nie direkt mit seinem Bruder darüber sprach.

Kenzo reagierte überhaupt nicht auf die ganze Aufregung und zog es vor, sich in Schweigen zu hüllen. Und wie immer siegte am Ende das Wasser über das Feuer. Den Gegnern ging nach und nach die Luft aus, ihre Stimmen verklangen, ihre Schritte wurden langsamer, und schließlich mussten sie mit säuerlichem Lächeln und resigniertem Achselzucken ihre Niederlage hinnehmen.

Die Hochzeit fand am 25. November 1937 statt, und noch in derselben Nacht wurde das abscheuliche Verbrechen begangen. Bevor ich jedoch zu den blutigen Einzelheiten komme, muss ich einige scheinbar unbedeutende Vorfälle erwähnen, die wie eine Art Ouvertüre dem Mord vorangingen.

Sie ereigneten sich am Tag vor der Hochzeit, also am 24. November, und zwar am Nachmittag. Schauplatz war das Wohnzimmer der Familie Ichiyanagi, wo Itoko und Kenzo Tee tranken und ein ziemlich unangenehmes Gespräch führten. Unweit von ihnen saß Suzuko, die Jüngste, stillvergnügt in ihr Spiel mit einer Puppe vertieft. Sie störte nie jemanden, wo immer sie sich aufhielt, schien die Welt um sie herum zu versinken.

»Aber das ist seit Generationen Tradition in unserem Haus.«

Itoko hatte sich bei der Wahl der Ehepartnerin ihres Sohnes nicht gegen ihn durchsetzen können und war offenbar noch immer nicht in der Lage, ihren Unmut zu verbergen.

»Aber, Mutter, als Ryuji geheiratet hat, haben wir das doch auch nicht gemacht.«

Kenzo würdigte den Soba-Manju, den seine Mutter ihm anbot, keines Blickes. Stattdessen zog er mit verärgerter Miene an seiner Zigarette.

»Ryuji ist auch nicht der älteste Sohn. Zwischen dir und ihm besteht ein großer Unterschied. Du bist der Erbe dieses Hauses, und Katsuko wird deine Ehefrau sein.«

»Ich bin mir nicht mal sicher, ob Katsuko überhaupt Koto spielen kann. Sie kann höchstens Klavier.«

Bei dieser Auseinandersetzung ging es um Folgendes: Seit mehreren Generationen wurde von der Braut des ältesten Sohnes erwartet, dass sie bei der offiziellen Hochzeitszeremonie ein bestimmtes Stück auf der Koto spielte.

»Weißt du, Mutter, es hat ja auch gar keinen Sinn, jetzt noch davon anzufangen«, fuhr Kenzo fort. »Hättest du mich früher darauf angesprochen, hätte ich Katsuko vorbereiten können.«

»Ich möchte mich überhaupt nicht in deine Hochzeit einmischen. Du darfst auch nicht denken, ich wolle Katsuko in Verlegenheit bringen. Aber Abstammung bleibt eben Abstammung …«

Die Stimmung wurde feindselig. In diesem Moment rettete unverhofft Suzuko, die die ganze Zeit unbeteiligt mit ihrer Puppe gespielt hatte, die Situation.

»Könnte ich nicht die Koto spielen, Mama?«

Itoko war überrumpelt, aber Kenzo strahlte.

»Das ist eine sehr schöne Idee. Ich danke dir, Suzuko. Sicherlich hat niemand etwas dagegen, wenn Suzuko spielt? Was meinst du, Mutter?«

Itoko wollte gerade zustimmen, als ihr Neffe Ryosuke im Wohnzimmer erschien.

»Suzu-chan! Hier hast du dich versteckt!«, sagte er zu seiner jüngeren Cousine. »Ich habe dich schon überall gesucht. Guck mal, das Kistchen, das ich für dich gemacht habe, ist fertig!«

Er zeigte ihr ein schön gearbeitetes Holzkistchen von der Größe einer Mandarinenkiste.

»Ryosuke, was ist das?«, fragte Itoko stirnrunzelnd.

»Das ist ein Sarg für Tama. Suzu-chan fand es zu traurig, das arme Ding in einer alten Mandarinenkiste zu begraben. Das wollte sie partout nicht. Also habe ich ihr stattdessen das hier gezimmert.«

»Ja, die arme Tama!«, bestätigte Suzuko. »Danke, Ryosuke.«

Tama war Suzukos Kätzchen. Nachdem es einige Tage an Erbrechen und Durchfall gelitten hatte, war es schließlich am Morgen gestorben.

Itoko musterte den kleinen Holzsarg und verzog das Gesicht.

»Ryo«, beeilte sie sich, das Thema zu wechseln, »was würdest du davon halten, wenn Suzuko morgen die Koto spielte?«

»Klingt gut, Tante Itoko«, sagte Ryosuke gleichmütig und nahm sich einen Manju. Kenzo drehte seinem Cousin den Rücken zu und paffte weiter an seiner Zigarette.

Saburo betrat den Raum.

»Oh, Suzu-chan, das ist aber ein hübsches Kistchen! Wer hat es gemacht?«

»Du jedenfalls nicht, Sabu! Du hast mich angelogen – du hattest versprochen, mir eins zu basteln, hast du aber nicht. Cousin Ryosuke hat es für mich gemacht, also brauche ich keins mehr von dir.«

»Suzu-chan! Ich kann nicht fassen, dass du mir noch immer nicht vertraust!«

»Du hast dir die Haare schneiden lassen, Saburo?«, fragte Itoko mit einem Blick auf ihren Sohn.

»Ja, gerade eben. Übrigens habe ich beim Barbier etwas ganz Seltsames gehört.«

Als Itoko nicht darauf einging, wandte Saburo sich seinem älteren Bruder zu.

»Kenzo, du bist doch gestern Abend mit der Rikscha am Rathaus vorbeigefahren, oder? Hast du zufällig einen verdächtigen Kerl gesehen, der sich vor dem Wirtshaus herumtrieb?«

Kenzo sah ihn verstört an.

»Was für einen Kerl denn, Saburo?«, fragte Ryosuke, den Mund voll Manju.

»Na ja, so ein unheimlicher Typ eben. Es heißt, er hat eine riesige Narbe vom Mundwinkel bis über die ganze Wange, etwa so. Und rechts nur drei Finger, Daumen, Zeige- und Mittelfinger. Jedenfalls hat sich dieser Mann bei der Okamisan nach unserem Haus erkundigt. Und du, Suzuko? Hast du gestern Abend hier einen Fremden gesehen?«, wandte Saburo sich nun an seine kleine Schwester.

Suzuko blickte zunächst stumm zu Saburo auf. Doch dann bewegte sie die entsprechenden Finger ihrer rechten Hand, als würde sie Koto spielen, und murmelte: »Daumen, Zeigefinger, Mittelfinger.«

Itoko und Saburo beobachteten sie stumm. Ryosuke war mit gesenktem Blick dabei, das Papier von einem weiteren Soba-Manju zu lösen. Kenzo rauchte weiter unbeteiligt seine Zigarette.

3 Der Klang der Koto

Ein Honjin war also zur Zeit der Shogune ein gehobener Gasthof, in dem Daimyo und andere hochrangige Würdenträger auf ihren Reisen in die Hauptstadt Edo übernachteten. Diese Häuser waren strengen formellen Regeln unterworfen. Anders als über die stark frequentierte Tokaido-Route reisten weit weniger Fürsten durch die Region, in der das Honjin der Ichiyanagis gelegen hatte, weshalb erhebliche Größenunterschiede zwischen den Gasthöfen bestanden. Dennoch war es auch hier die Ehre, hochstehende Adlige zu beherbergen, die die Inhaber eines Honjin auszeichnete.

Die Ichiyanagis waren, wie gesagt, überaus stolz auf ihre Honjin-Abstammung, und die Hochzeit ihres ältesten Sohnes und derzeitigen Familienoberhaupts sollte ein außergewöhnliches und prachtvolles Ereignis werden. Den folgenden Bericht verdanke ich Herrn F., der so freundlich war, mir diesen Einblick in die Landessitte zu geben.

»Festliche Anlässe dieser Art werden auf dem Land weitaus pompöser begangen als in der Stadt. In einer so bedeutenden Familie wie der der Ichiyanagis wird der Bräutigam, noch dazu, wenn er der Erbe ist, mit einem Kamishimo aus Leinen ausstaffiert wie ein Samurai. Die Braut trägt einen weißen Kimono mit einem aufwendigen Uchikake darüber. Für gewöhnlich sind fünfzig bis hundert Gäste geladen.«

Diese Hochzeit hingegen blieb eine eher private Zusammenkunft im engsten Kreis. Auf der Seite des Bräutigams war außer seinen unmittelbaren Angehörigen nur ein Großonkel aus K. anwesend. Nicht einmal Kenzos Bruder Ryuji machte sich die Mühe, aus Osaka anzureisen. Einziger Gast der Braut war ihr Onkel Ginzo Kubo.

Folglich war die Zeremonie an sich eine eher ruhige Angelegenheit, aber da die Ichiyanagis zu den größten Grundbesitzern der Gegend gehörten, feierten zumindest ihre zahlreichen Pächter und Landarbeiter ein großes Fest. Es war Tradition, dass das frischvermählte Paar die ganze Nacht mit den Einheimischen trank. So herrschte am 25. November, dem Tag der Hochzeit, in der Küche des Anwesens Hochbetrieb, und man hatte neben den üblichen Bediensteten zusätzliche Helfer eingestellt. Gegen halb sieben Uhr abends – die Vorbereitungen waren in vollem Gange – erschien jedoch ein ungebetener Gast an der Küchentür.

»Entschuldigen Sie, ist der Herr zu Hause? Könnte jemand ihm diese Nachricht übergeben?«

Als die alte Nao, die gerade das Feuer schürte, sich umwandte, erblickte sie einen abgerissenen Mann mit einem tief ins Gesicht gezogenen ramponierten Filzhut. Den Kragen seiner abgewetzten alten Jacke hatte er gegen die Kälte hochgeschlagen, und eine übergroße Maske verbarg beinahe sein ganzes Gesicht. Außerdem stank er.

»Was hast du mit dem Herrn zu schaffen?«, fragte sie argwöhnisch.

»Ähm, ja, verzeih, aber ich muss ihm das hier geben.«

Der Mann hielt ein mehrfach gefaltetes Blatt Papier in der Linken. Später von der Polizei befragt, schilderte Nao die Begegnung wie folgt:

»Seine Hand war irgendwie verkrümmt wie bei einem Aussätzigen, und er hielt das Papier zwischen den Knöcheln seines Zeige- und Mittelfingers. Und ja, genau, die rechte Hand hatte er in die Tasche gesteckt. Verwundert wollte ich ihm ins Gesicht sehen, aber er drehte rasch den Kopf weg. Dann drückte er mir den Zettel in die Hand und rannte davon.«

Zu dem Zeitpunkt hielten sich eine Menge Menschen in der Küche auf, aber da keiner auch nur im Traum geahnt hätte, welche Bedeutung dem Auftauchen dieses Mannes im Nachhinein zukommen würde, achtete niemand auf ihn.

Nao stand noch ein wenig ratlos mit dem Zettel in der Hand da, als Ryosukes Frau Akiko geschäftig in die Küche kam.

»Weiß jemand, wo mein Mann ist?«

»Ihr Gatte scheint ausgegangen zu sein.«

»Da ist wohl nichts zu machen. Was kann denn ausgerechnet jetzt so dringend sein? Wenn ihr ihn seht, sagt ihm bitte, er soll sich so schnell wie möglich umziehen.«

Nao hielt sie auf, um ihr von dem seltsamen Mann zu erzählen, und gab ihr den Zettel, der aus einem Taschenkalender herausgerissen zu sein schien.

»Für Kenzo? Aha …«

Akiko zog die Augenbrauen hoch, ohne sich den Zettel genauer anzusehen. Sie verstaute ihn im Obi ihres Kimonos, verließ die Küche und spähte ins Wohnzimmer, wo das Dienstmädchen Kiyo der Witwe gerade beim Ankleiden half. Suzuko, bereits im Festkimono, dem Furisode, saß dabei und spielte auf einer Koto mit Goldlack.

»Weißt du, wo Kenzo ist, Tante?«

»Vielleicht in seinem Studierzimmer? Warte, Akiko, könntest du Kiyo helfen, meinen Obi zu binden?«

Akiko und das Dienstmädchen waren gerade mit Itokos Obi fertig, als Saburo in einem gefütterten Winterkimono hereinschlenderte.

»Saburo, wieso bist du noch nicht umgezogen? Wo warst du überhaupt?«

»Im Studierzimmer!«

»Bestimmt hast du wieder geschmökert«, sagte Suzuko, während sie die Koto stimmte. Saburo war ein leidenschaftlicher Leser von Kriminalromanen.

»Na und? Was stört dich daran? Und du, Suzuko? Hast du endlich die Katze begraben?«

Suzuko schwieg und spielte auf ihrer Koto.

»Du solltest dich lieber beeilen. Wenn man eine tote Katze zu lange herumliegen lässt, verwandelt sie sich in einen bösen Geist.«

»Hör auf, Sabu. Du bist gemein. Außerdem habe ich Tama schon heute Morgen begraben.«

»Hüte gefälligst deine Zunge, Saburo! Solche Worte sind völlig unangebracht«, schimpfte Itoko. »Pass ein bisschen auf, was du sagst. Hast du deinen Bruder gesehen?«

»Nein. Ist er nicht drüben im Nebengebäude?«

»Akiko, wenn du Kenzo findest, sag ihm doch bitte, er soll sich so schnell wie möglich fertig machen. Die Braut wird gleich eintreffen.«

Akiko verließ den Raum und schlüpfte in ihre Geta, um im Nebengebäude nachzusehen, als ihr Mann Ryosuke – noch in Alltagskleidung – ihr von dort entgegengeschlendert kam.

»Wo bleibst du denn? Wenn du dich jetzt nicht schnell umziehst, schaffst du es nicht rechtzeitig.«

»Red keinen Unsinn. Die Braut kommt nicht vor acht. Kein Grund zur Hektik. Wo willst du überhaupt hin?«

»Ich soll Kenzo suchen.«

Kenzo stand auf dem Engawa, dem hölzernen Umgang des Nebengebäudes, und blickte gedankenverloren in den Himmel.

»Es sieht aus, als könnte das Wetter umschlagen, Akiko«, sagte er, als er sie kommen sah. »Was hast du da? Für mich? Danke.«

Kenzo nahm den Zettel entgegen und ging ins Haus, um ihn bei elektrischem Licht zu lesen.

Akiko folgte ihm und ordnete das Blumengesteck in der Tokonoma.

»Aki, von wem um alles in der Welt hast du diesen Zettel?«

Überrascht von seinem ungewohnten Tonfall, drehte sie sich zu ihm um. Kenzos Gesicht war verzerrt, als wollte er sie gleich zerfleischen.

»Äh … also …«, stammelte Aki erschrocken. »Von Nao. Sie sagt, ein Landstreicher oder so hat ihn abgegeben. Ist es was Schlimmes?«

Kenzo starrte Akiko weiter so seltsam an, doch dann schien

er zu sich zu kommen und richtete den Blick wieder auf den Zettel, bevor er ihn zerriss. Er sah sich um. Anscheinend überlegte er, wo er die Fetzen loswerden konnte. Da er keinen geeigneten Platz fand, stopfte er sie in einen Ärmel seines Kimonos.

»Kenzo, deine Mutter bittet mich, dir auszurichten, du möchtest dich jetzt für die Zeremonie ankleiden.«

»Sie hat recht, es wird Zeit. Würdest du die Läden schließen, Aki?«, sagte er noch, bevor er das Nebengebäude verließ.

All das trug sich gegen sieben Uhr abends zu. Etwa eine Stunde später traf die Braut in Begleitung der offiziellen Heiratsvermittler und ihres Onkels ein. Die Hochzeitszeremonie, die ich im Folgenden möglichst kurz schildern möchte, konnte beginnen.

Wie gesagt, waren seitens des Bräutigams nur seine Mutter Itoko, seine Geschwister Saburo und Suzuko, das Ehepaar Ryosuke und Akiko sowie ein siebzigjähriger Großonkel namens Ihei aus K. anwesend. Einziger Gast der Braut war ihr Onkel Ginzo Kubo. Der Form halber hatte man noch den Bürgermeister hinzugebeten, der als offizieller Heiratsvermittler des Dorfes fungierte.

Nachdem die Gelübde abgelegt und das Sake-Ritual, bei dem das Brautpaar aus jeweils drei Sake-Schalen trinkt, vollzogen war, spielte Suzuko wie geplant auf der prächtigen schwarz-goldenen Koto. Sie mochte in vielen Dingen ungeschickt für ihr Alter sein, aber ihr Koto-Spiel war unübertroffen, so dass sie und ihr Instrument den Raum mit unbeschreiblichem Zauber erfüllten.

Allerdings war ein Konzert auf der Koto bei einer Hochzeitszeremonie eher ungewöhnlich, und Katsuko, die Braut, war ein wenig verunsichert, zumal sie auch das Stück, das Suzuko spielte, noch nie gehört hatte.

Itoko erklärte ihr, der Brauch gehe auf die Ehefrau eines einstmaligen Familienoberhaupts zurück, die eine besonders begabte Koto-Spielerin gewesen sei. Damals begab es sich, dass eine Fürstentochter, die zu ihrer Hochzeit in den Westen des Landes reiste, im Honjin der Ichiyanagis Station machte. Die virtuose Hausherrin spielte zu diesem Anlass ein von ihr selbst komponiertes Lied mit dem Titel »Das Mandarinentenpärchen«. Die Fürstentochter war derart entzückt, dass sie der Familie zum Dank eine Koto des Namens »Mandarinente« übersandte. Seither war es Brauch, dass die Braut des ältesten Sohnes der Ichiyanagis bei ihrer Hochzeit auf dieser Koto das Stück vom »Mandarinentenpärchen« spielte, wie Suzuko es gerade getan hatte.

Katsuko bekam große Augen.

»Also hätte eigentlich ich die Koto spielen sollen?«

»Ja, aber da ich nicht wusste, ob du damit vertraut bist, wollte ich dich nicht fragen und habe Suzuko gebeten, an deiner Stelle zu spielen.«

Katsuko zog es vor zu schweigen, und ihr Onkel Ginzo Kubo antwortete für sie.

»Hätten Sie nur gefragt! Katsuko hätte liebend gern gespielt.«

»Wirklich? Du kannst auch Koto spielen, große Schwester?«, fragte Suzuko.

»Meine Nichte wird Ihnen nicht nur eine Schwester, sondern auch eine gute Freundin sein, junges Fräulein«, wandte Ginzo sich an Suzuko. »Und vielleicht sogar Ihre Lehrerin werden, denn sie könnte Sie auf der Koto unterrichten.«

Itoko und Ryosuke wechselten einen Blick. Kenzo bemerkte es und ergriff das Wort.

»Dann soll die Koto von nun an Katsuko gehören.«

Itoko war offenbar sprachlos, und es herrschte peinliches Schweigen, bis der Bürgermeister die Situation diplomatisch rettete.

»In dem Fall müssten wir die Braut eigentlich bitten, heute Abend für uns zu spielen.« Er wandte sich an Itoko. »Wir haben ja noch den letzten Teil der Zeremonie im Nebengebäude vor uns. Was halten Sie von einer zweiten Aufführung dort, gnädige Frau?«

»Eine hervorragende Idee«, sagte Itoko. »Würdest du etwas für uns spielen, Katsuko? Da Suzuko bereits ›Das Mandarinentenpärchen‹ gespielt hat, wähle du doch ein Stück aus. Etwas Heiteres, das dir vertraut ist. Es gehört schließlich zu unserer Familientradition, dass die Braut vor ihrer Hochzeitsnacht auf der Koto spielt.«

Und so kam es, dass die Koto später noch einmal von Katsuko gespielt wurde.

Der zeremonielle Teil endete gegen halb zehn Uhr abends, worauf die Gäste zu den ungezwungenen Feierlichkeiten übergingen, bei denen kräftig gezecht wurde.

In der Regel müssen Frischvermählte einiges durchmachen, bis sie sich zu ihrer Hochzeitsnacht zurückziehen dürfen, und auf dem Land sind diese Bräuche besonders gnadenlos. So oblag es Kenzo und Katsuko, den Pächtern und Bediensteten bis tief in die Nacht Sake zu servieren und nachzuschenken.

Während sie die Leute in der Küche bedienten, wurden anzügliche Lieder gesungen und derbe Späße gemacht. Im Wohnzimmer ging es natürlich gesitteter zu, aber Großonkel Ihei war bald so stockbetrunken, dass er nur noch unzusammenhängende Schimpftiraden lallte und randalierte.

Ihei war der jüngere Bruder von Kenzos und Ryosukes Großvater und hatte als junger Mann einen eigenen Familienzweig gegründet, weshalb er für gewöhnlich der Seitenzweig-Onkel genannt wurde. Wie viele ältere Männer war er für seine Streitlust bekannt und dafür, dem Sake mehr zuzusprechen, als ihm guttat. Nun begann er allerlei Einwände und Beschwerden gegen die Hochzeit vorzubringen, und je mehr er trank, desto schlimmer wurde es, bis er sogar das Brautpaar beschimpfte. Schließlich forderte man ihn auf, lieber bei den Ichiyanagis zu übernachten, weil man ihm nicht zutraute, sicher nach Hause zu finden, aber er wollte nichts davon hören. Irgendwann nach Mitternacht verkündete er, sich auf den Weg machen zu wollen.

»Saburo, du musst ihn begleiten, sonst landet er noch im Graben.«

Kenzo, der Iheis Beschimpfungen gutmütig ignoriert hatte, wollte den betrunkenen alten Mann nicht allein im Dunkeln nach Hause schicken.

»Und weil es schon so spät ist, solltest du auch gleich bei ihm übernachten.«

Erst als die Familie Ihei zur Tür begleitete, bemerkte man, dass es ziemlich stark schneite, was in dieser Gegend selten vorkam. Doch nun lag der Schnee zum Erstaunen aller bereits drei Zentimeter hoch. Im Nachhinein betrachtet würde der Schnee unterschwellig eine Rolle bei dem furchtbaren Verbrechen spielen, das sich in Kürze ereignen sollte.

Als man endlich mit den Frischvermählten zum letzten Teil der Zeremonie ins Nebengebäude umzog, war es ungefähr ein Uhr. Später erzählte Ryosukes Frau Akiko, wie sich dies abgespielt hatte:

»Das Dienstmädchen Kiyo und ich trugen die Koto ins Nebengebäude, wo das Brautpaar nochmals das Sake-Ritual vollzog. Diesmal waren aber nur noch Tante Itoko, mein Mann und ich zugegen. Saburo brachte Onkel Ihei nach Hause, und Suzuko schlief bereits. Nach der Zeremonie spielte Katsuko auf der Koto, die wir anschließend aufrecht in die Tokonoma stellten. Die Schachtel mit den Plektren legte ich in eine Ecke der Nische, aber ich kann mich nicht erinnern, ob das Schwert zu dem Zeitpunkt noch im Regal lag.«

Es war fast zwei Uhr morgens, als die Zeremonie beendet war und die Familie Braut und Bräutigam verließ, um ins Haupthaus zurückzukehren. Es schneite noch immer heftig.

Zwei Stunden später ertönten markerschütternde Schreie und der wilde, eindringliche Klang der Koto.

4 Das Unheil

Als Katsukos Onkel Ginzo sich in dem ihm als Schlafzimmer angewiesenen Raum zu Bett legte, überfiel ihn ein starkes Gefühl von Erschöpfung. Was nur verständlich war, denn die bevorstehende Hochzeit hatte ihm schwer auf der Seele gelegen und ihn außerordentlich bedrückt.

Ginzo kannte die feudale Gesinnung und die Sitten auf dem Land viel zu gut, um der Hochzeit seiner Nichte vorbehaltlos zuzustimmen. Er bezweifelte, dass Katsuko bei den Ichiyanagis, die einst seine Grundherren gewesen waren, ihr Glück finden würde. Doch Katsuko war bereit, das Wagnis einzugehen.

»Dein Bruder hätte sich gewiss gefreut, wäre er noch am Leben«, tröstete ihn seine Frau. »Es bedeutet einen großen Aufstieg für sie, Herrn Ichiyanagis Gattin zu werden.«

Also ließ Ginzo sich überzeugen.

Katsukos Vater Rinkichi und sein jüngerer Bruder Ginzo waren zwar in ihrer Jugend nach Amerika gegangen, aber Rinkichis Sehnsucht nach den Traditionen im alten Japan war so groß gewesen, dass sie dorthin zurückkehrten. Ja, sein Bruder wäre stolz auf seine Tochter gewesen. Dieser Gedanke machte Ginzo so froh, dass er, wenn auch mit einiger Beklommenheit, in die Hochzeit einwilligte.

Sobald er diese Entscheidung getroffen hatte, hielt ihn nichts mehr auf.

Er musste Katsuko vor jeglicher Peinlichkeit beschützen, sicherstellen, dass die Ichiyanagis nichts an ihr auszusetzen fanden. Niemals durften sie mit dem Finger auf sie zeigen. Wie ein Wilder stürzte er sich in die Hochzeitsvorbereitungen, nutzte seine Erfahrungen aus Amerika und bestellte Festkimonos bei den besten Schneidern in Kyoto und Osaka. Kurz gesagt, er scheute keine Mühen und Kosten.

»Du meine Güte, Onkel Ginzo, du darfst doch nicht so viel für mich ausgeben!«, rief Katsuko erschrocken über die kostbaren Kimonos, die er für sie gekauft hatte, und brach in Tränen aus. Am Ende jedoch sollten sich sämtliche Bemühungen ihres Onkels als vergeblich erweisen.

Die schöne Katsuko in ihrem prachtvollen Hochzeitskimono machte großen Eindruck, als sie an diesem Nachmittag mit ihrem Onkel vom Haus des ebenfalls zur Hochzeit geladenen Bürgermeisters aufbrach.

Die kostbaren Möbel, das Geschirr und die Ziergegenstände, die ihre Mitgift waren, sorgten im ganzen Dorf für Aufsehen. Sogar die überheblichen Ichiyanagis waren beeindruckt, wie Ginzo erfreut zur Kenntnis nahm.

»Rinkichi wäre sehr glücklich gewesen«, murmelte er bei sich, als die Feierlichkeiten endeten. »Er hätte sich wirklich gefreut.«

Er spürte, wie ihm das Herz aufging, und Tränen liefen ihm über die Wangen.

Aus der Küche, wo noch immer getrunken wurde, ertönten

anzügliche Gesänge. Der Lärm war so groß, dass er sich anfangs unruhig hin und her wälzte, aber irgendwann doch einschlief. Es dauerte jedoch nicht lange, bis Ginzo aus seinen wirren Träumen hochschreckte, weil er vermeinte, Schreie gehört zu haben.

Er setzte sich auf. Das war kein Traum. Die Schreie – er konnte nicht sagen, ob sie von einem Mann oder einer Frau kamen –, die grässlichen Schreie ertönten wieder und wieder. Irgendwann merkte er, dass es zwei Stimmen waren, die die Stille der Nacht zerrissen. Dann vernahm er unweit das Getrappel von Schritten auf dem Holzboden.

Die Geräusche schienen aus dem Nebengebäude zu kommen! Hastig fuhr er in sein Hemd und zog sich einen Morgenmantel über. Er sah auf seine Armbanduhr. 4.15 Uhr.

Dann hörte er die Koto.

Pling pling pling, schrumm – ein rasantes Anschlagen der dreizehn Saiten, gefolgt von einem Aufprall, als wäre der Wandschirm umgestürzt. Dann herrschte wieder Totenstille. Das fröhliche Treiben in der Küche war offenbar beendet.

Voller Entsetzen schob Ginzo die Läden auf. Es hatte aufgehört zu schneien, und am klaren Himmel stand eisig die Sichel des Mondes. Der Garten lag unter einer dicken Schneedecke begraben.

Eine Gestalt kam durch den Schnee auf ihn zu.

»Wer da?«, rief Ginzo gebieterisch.

»Ah, gnädiger Herr. Haben Sie das auch gehört?«

Es handelte sich um einen Bediensteten, den Ginzo noch nie gesehen hatte.

»Ja, natürlich. Was in aller Welt war das? Warte, ich komme mit dir.«

Ginzo warf sich seinen Mantel über und trat hinaus in den Schnee. Während er mit dem Bediensteten durch den Garten eilte, hörte er, wie überall die Läden aufgeschoben wurden. Er sah Itoko in der Tür zum Haupthaus stehen.

»Bist du das da draußen, Genshichi? Was waren das für Schreie eben?«

»Ich habe eine Koto gehört, Mama.« Suzuko spähte unter dem Ärmel ihrer Mutter hindurch ins Freie.

»Ich weiß nicht, was das war«, antwortete Genshichi zähneklappernd. »Es klang, als würde jemand um Hilfe schreien.«

Ginzo ging geradewegs auf das Tor im Zaun zu, der das Areal des Haupthauses vom Nebengebäude trennte, als vom Wohnhaus der Zweigfamilie am südlichen Rand des Anwesens Ryosuke angerannt kam, der im Laufen seinen Obi band.

»Tante Itoko, was war das eben?«

»Ryosuke, endlich, bitte, sieh gleich im Nebengebäude nach!«

Ginzo riss und rüttelte am Gartentor, das von der anderen Seite verriegelt zu sein schien, so dass er es nicht aufbekam. Ryosuke warf sich mehrmals mit der Schulter dagegen, doch es erwies sich als unerwartet stabil, obwohl es nur aus Ästen und Zweigen bestand und ziemlich wackelig aussah.

»Genshichi, hol ein Beil!«, rief Ryosuke dem Bediensteten zu.

»Ja, Herr!«

Just als Genshichi sich zum Gehen wandte, ertönte vom Nebengebäude her erneut die Koto.

Pling pling pling, nach den Klängen mehrerer einzelner Saiten versetzte ein lautes Sirren, als wäre eine Saite gerissen, die Luft in Schwingung.

»Was war das?« Genshichi blieb wie angewurzelt stehen.

Der fahle Schein des Mondes im Schnee ließ die bleichen Gesichter noch bleicher erscheinen.

»Genshichi, halte keine Maulaffen feil! Hol das Beil!«

Als der Diener mit dem Beil zurückkam, hatten sich Itoko und Suzuko mit ein paar Mägden und anderen Bediensteten um das Tor versammelt. Ryosukes Frau Akiko war etwas später hinzugekommen, hatte aber daran gedacht, eine Laterne mitzubringen.

Nachdem Genshichi ein paarmal mit dem Beil auf das Tor eingehackt hatte, brach es aus den Angeln und fiel nach hinten. Ryosuke wollte als Erster hindurchgehen, aber Ginzo packte ihn an der Schulter und zog ihn zurück. Dann blieb er einen Moment im Durchgang stehen und sondierte das Gelände.

»Keine Fußspuren zu sehen«, murmelte er mit einem Blick über die Schulter. »Ihr wartet hier. Nur ihr beide kommt mit mir.«

Ginzo deutete auf Ryosuke und den Diener Genshichi.

»Passt auf, dass ihr nicht überall im Schnee herumtrampelt. Akiko, gib mir die Laterne.«

Ein Notfall wie dieser setzte alle sozialen Unterschiede außer Kraft.

Die Ichiyanagis waren derart beeindruckt von Ginzos unerwarteten Führungsqualitäten, dass nicht einer protestierte. Nur Ryosuke fiel es sichtlich schwer, sich von diesem Emporkömmling herumkommandieren zu lassen. Hätte er gewusst, dass es diesem Mann gelungen war, sich ohne fremde Hilfe ein Studium in Amerika zu finanzieren, wäre sein Widerwille womöglich weniger heftig ausgefallen.

Linker Hand vom Gartentor befand sich ein niedriger Bambuszaun, doch auch dahinter war der Schnee völlig unberührt.

Im Nebengebäude brannte das elektrische Licht, und der Schein drang durch die durchbrochenen Schmuckelemente, die sogenannten Ranma, über den Läden nach draußen.

Die drei Männer begaben sich zunächst zu dem auf der Ostseite gelegenen Eingang, wo sie jedoch feststellten, dass das ockerrot gestrichene Holzgitter und die massive Tür dahinter verschlossen waren. Der Schlüssel zum Gitter steckte von innen, so viel konnten sie sehen. Sie rüttelten daran, aber es rührte sich nicht. Ryosuke und Genshichi hämmerten, so fest sie konnten, gegen die Latten und riefen Kenzos Namen, aber es kam keine Antwort.

Ginzos Züge verhärteten sich. Er verließ den Vordereingang, stieg über den niedrigen Zaun und ging zur Südseite des Gebäudes. Die beiden anderen folgten ihm. Die roten Läden auf dieser Seite waren ebenfalls fest verschlossen. Ryosuke und Genshichi hämmerten abwechselnd dagegen und riefen Kenzos Namen, aber auch hier keine Reaktion.

Die drei Männer gingen weiter um das Gebäude herum zur Westseite, um dort gegen die Läden zu schlagen. Plötzlich erstarrte Ryosuke, und seiner Kehle entrang sich ein erstickter Laut.

»Was ist los?«

»Da … da!« Ryosuke deutete mit einem zitternden Finger in die Richtung.

Ginzo und Genshichi folgten seinem Blick und erschraken. Unweit des Sockels der etwa zwei Meter vom Nebengebäude entfernten großen Steinlaterne steckte ein Schwert im Schnee.

Genshichi wollte sofort darauf zulaufen, aber Ginzo war wieder einmal so vorausschauend, ihn aufzuhalten.

»Halt! Erst mal stehen bleiben!«

Ginzo leuchtete mit seiner Laterne bis ins dunkle Dickicht der Büsche, entdeckte aber nirgendwo auch nur einen einzigen Fußabdruck. Ryosuke untersuchte derweil die Läden, aber alle waren fest verriegelt und wirkten unbeschädigt.

»Herr, soll ich mal versuchen, von oben durch die Ranma ins Haus zu schauen?«

Genshichi deutete auf den offenen Teil über den Läden.

»Ja, probier's!«

Auf dieser Seite ragte der Anbau der Toilette hervor. Zwischen ihr und der Vorrichtung, in die die Läden beim Öffnen hineinglitten, gab es ein großes steinernes Waschbecken, auf das Genshichi nun kletterte, um durch das Oberlicht in den Raum zu spähen.

Diese Ranma wird später noch eine Rolle spielen, deshalb möchte ich hier kurz ihre Funktion erklären. Es handelt sich dabei um eine mit Schnitzereien durchbrochene Leiste, eine Holzplatte oder ein Gitter oberhalb der Schiebeläden. Ihr Zweck ist es, Licht und Luft ins Haus zu lassen, auch wenn die Läden geschlossen sind. Die Ranma an der Westseite des Nebengebäudes war jedoch kein geschnitztes Paneel, sondern bestand aus einem dicken, in seiner natürlichen Form belassenen Ast, der horizontal über dem Laden angebracht war. Man hatte ihn weder zu einem Brett abgeflacht noch die Rinde entfernt. Hier und da hatte man etwas abgehobelt, damit der Ast stabiler lag, aber an anderen Stellen entstanden durch seine natürliche Krümmung ausreichend große Zwischenräume, um Licht und Luft hindurchzulassen. Allerdings war keine der Lücken breiter als einige Zentimeter, so dass niemand hätte hindurchklettern können. Querbalken und Läden waren, wie ich bereits zu Beginn erwähnt habe, ockerrot gestrichen.

Nun also spähte Genshichi durch einen Spalt ins Innere.

»Eine der Shoji auf dieser Seite steht offen. Auch die bei der Tokonoma ist leicht geöffnet ... Der Wandschirm scheint in unsere Richtung umgestürzt zu sein, mehr kann ich nicht erkennen. Das Tatamizimmer ist nicht einsehbar.«

Die drei Männer riefen erneut Kenzos und Katsukos Namen, erhielten aber noch immer keine Antwort.

»Es hilft nichts. Wir müssen die Läden aufbrechen.«

Da die Läden miteinander verbunden, sozusagen ineinander verkeilt waren, konnte man sie nicht einzeln herausnehmen.

Genshichi rannte los, um das Beil zu holen, das er am Gartentor hatte liegen lassen. Ryosuke und Ginzo warteten noch auf seine Rückkehr, als sie plötzlich Schritte vom Hang hinter ihnen vernahmen. Sie stürzten an den Toilettenvorsprung.

»Da oben ist jemand! Wer da?«, rief Ryosuke.

Ein gewaltiger Kampferbaum versperrte ihnen die Sicht,

doch sogleich ertönte aus dem Bambusdickicht am Hang eine Stimme.

»Sind Sie das, Herr Ryosuke?«

»Ja, ich bin's, Shu. Was machst du da oben?«

»Ich habe Schreie gehört und wollte nachsehen. Dann erkannte ich Sie, Herr.«

»Wer ist dieser Shu?«, fragte Ginzo.

»Was? Oh, das ist Shukichi, einer unserer Bediensteten. Er ist für die Mühle verantwortlich und poliert unseren Reis. Er setzt das Wasserrad im Gang.«

Ich hatte zu Beginn meiner Erzählung erwähnt, dass sich an dem Bach, der im Westen am Ichiyanagi-Grundstück vorbeifließt, ein defektes Wasserrad befindet. Zur Zeit unserer Geschichte war die Mühle jedoch noch in Betrieb, und es war Shukichis allmorgendliche Aufgabe, den Reis für die Familie zu schälen.

»Shukichi, du hast also die Mühle verlassen, sobald du die Schreie gehört hast?«, fragte Ginzo. »Hast du jemand Verdächtigen gesehen?«

»Nein, keine Menschenseele. Ich hörte die Schreie, rannte aus der Mühle und blieb kurz auf der Brücke stehen. In dem Moment hörte ich die Koto zum zweiten Mal. Also stieg ich bis an den Rand der Klippe, aber es war niemand zu sehen.«

Genshichi kehrte mit dem Beil zurück. Ginzo bat Shukichi, nach etwas Ungewöhnlichem Ausschau zu halten, und begab sich zurück zum Haus. Auf Ryosukes Anweisung hieb Genshichi mit dem Beil in den Laden, bis dort ein Spalt klaffte, der groß genug war, um hineinzugreifen und den inneren hölzernen Riegel zu lösen, woraufhin Ryosuke den Laden zur Seite schob.

Nachdem die drei Männer ins Innere des Hauses gelangt waren, genügte ein Blick in den Tatamiraum, um sie wie zu Stein erstarren zu lassen. Ein Blutbad offenbarte sich ihnen.

Vor ihnen lagen Kenzo und Katsuko aufgeschlitzt in ihrem Blut. Der Futon mit dem prachtvoll bestickten Bezug, die frisch verlegten Tatami und sogar der vergoldete Wandschirm waren besudelt. Was war aus dem Traum von einer himmlischen Hochzeitsnacht geworden? Eine Szene wie aus der Hölle, mehr war davon nicht geblieben.

Genshichi wäre vor Entsetzen zusammengebrochen, hätte Ginzo ihn nicht gehalten. Er führte den schlotternden Diener nach draußen.

»Ruf einen Arzt und die Polizei. Dann bewachst du das Tor und sorgst dafür, dass niemand von der Familie hierherkommt.«

Nachdem Genshichi davongerannt war, starrte Ginzo auf die beiden Leichen. Unaussprechlicher Zorn spiegelte sich in seinem Gesicht.

Als er sich irgendwann im Zimmer umsah, fiel ihm zuerst die Koto ins Auge. Das schwarz-goldene Instrument stand neben Katsuko. Zwölf der Saiten waren blutverschmiert, als hätte jemand mit blutigen Fingern darauf gespielt. Die dreizehnte Saite war in der Mitte gerissen und hatte sich zu beiden Seiten aufgerollt. Der Steg, der sie gehalten hatte, fehlte.

Eine gerissene Saite und ein fehlender Steg …

Schließlich kam es Ginzo in den Sinn, alle Riegel an Türen

und Fenstern zu überprüfen. Sämtliche Läden, auch die am Eingang, waren unbeschädigt. Nacheinander öffnete er die Türen zum Wandschrank in dem kleineren Tatamizimmer, zur Toilette auf der Westseite und zu einem Wandschrank gegenüber der Toilette und nahm alles genau in Augenschein. Am Ende des Ganges zur Toilette befand sich ein kleines Fenster, aber es gab keine Anzeichen dafür, dass jemand es geöffnet hatte.

Bei seiner Rückkehr ins große Tatamizimmer fand er Ryosuke noch immer wie erstarrt vor.

»Ich verstehe das nicht«, sagte Ginzo. »Es ist mir ein völliges Rätsel. Nirgendwo hält sich jemand versteckt, und es gibt keine Öffnung, durch die ein Mörder das Haus verlassen haben könnte. Womöglich …«

Ryosuke verstand sofort, was Ginzo meinte, und schüttelte heftig den Kopf.

»Das ist ausgeschlossen. Es kann unmöglich ein Selbstmord gewesen sein. Schauen Sie sich doch mal den Wandschirm an.«

Ginzo folgte Ryosukes Blick und erkannte den blutigen Abdruck einer Hand auf dem umgestürzten Wandschirm. Das Blut war sogar noch feucht. Seltsamerweise waren es nur drei Finger – Daumen, Zeige- und Mittelfinger. Aber an diesem dreifingrigen Abdruck war noch etwas anderes sehr bizarr.

5 Ein etwas anderer Verwendungszweck für Koto-Plektren

Der Vater von Herrn F., der mir zahlreiche Hintergrundinformationen für meine Geschichte lieferte, war früher Arzt im Dorf. Inzwischen ist Dr. F. leider verstorben, aber er war der erste Offizielle, der am Morgen nach dem Mord am Tatort eintraf.

Dr. F., der offenbar ein gesteigertes Interesse am Mordfall im Hause Ichiyanagi hegte, hat ein ausführliches Memorandum hinterlassen, das mir bis heute zur Verfügung steht. Viele Details in meiner Geschichte entstammen diesen Notizen. Unter anderem hatte er eine vollständige Skizze des Tatorts und seiner Umgebung angefertigt. Derartiges Material ist beim Verfassen eines Kriminalromans von unschätzbarem Wert, weshalb ich die Skizze beifüge.

Es war etwa sechs Uhr, und die Sonne ging bereits auf, als Dr. F. und der örtliche Polizeibeamte eintrafen. Nachdem der Wachtmeister den Tatort besichtigt hatte, meldete er den Fall dem Polizeirevier in der Kreisstadt S. Schließlich handelte es sich um ein Kapitalverbrechen. Das Revier in S. rief seinerseits die Präfekturpolizei an, und die Ermittler trafen auch in dieser Reihenfolge ein. Wegen der Abgeschiedenheit des Anwesens

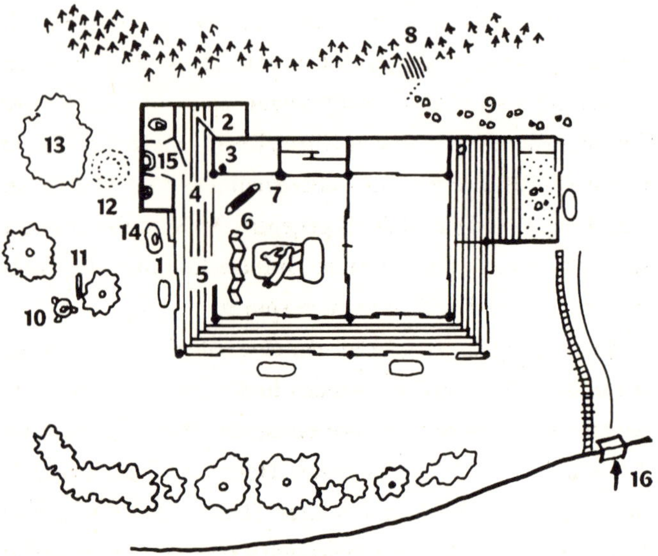

Plan des Nebengebäudes auf dem Anwesen der Familie Ichiyanagi

1 Laden, den Ginzo und Genshichi gewaltsam öffnen 2 Wandschrank, in dem sich der Mörder versteckt hielt 3 Schachtel mit den Koto-Plektren in der Tokonoma 4 Leicht geöffnete Shoji 5 Vollständig geöffnete Shoji 6 Umgestürzter Wandschirm 7 Koto 8 Fußspuren, wo der Mörder anscheinend den Abhang hinuntergerutscht war 9 Fußspuren 10 Steinlaterne 11 Katana, im Schnee steckend 12 Laubhaufen 13 Kampferbaum 14 Steinbecken 15 Toilettenbereich 16 Gartentor

wurde es allerdings Mittag, bis alle versammelt waren. Die Ermittler untersuchten den Tatort mit der gebotenen Genauigkeit und befragten alle, die in irgendeiner Beziehung zu den Opfern gestanden hatten, aber ich möchte meine Leserschaft nicht mit zu vielen Einzelheiten langweilen, also halte ich diesen Teil möglichst kurz und warte lediglich mit einer Zusammenfassung der Ergebnisse auf.

Zunächst ergab sich die Frage nach den Fußspuren. Als Kommissar Isokawa gegen elf Uhr vormittags eintraf, war der Schnee bereits teilweise geschmolzen. Es gab jedoch keinen Grund, an den Aussagen von Ginzo, Ryosuke und dem Diener Genshichi zu zweifeln, die übereinstimmend erklärten, es habe keinen einzigen Abdruck gegeben. Der Kommissar zeigte sich sehr verwundert ob dieser Information, die allerdings auch nicht ganz den Tatsachen entsprach.

An dieser Stelle empfehle ich, einen Blick auf die beigefügte Skizze des Nebengebäudes und seiner Umgebung zu werfen. Nördlich befindet sich ein steiler Hang, der zu einer Art Klippe hinaufführt. Zwischen Hang und Nebengebäude liegt ein etwa drei Meter breiter Streifen Brachland. Der Hang ist von dichten Bambusstauden überwuchert, die über den Rand der Klippe hinausragen, so dass sich in dieser Nacht unmittelbar unterhalb der Klippe kein Schnee ansammelte. Auf dem schlammigen Brachland an der Ostseite des Nebengebäudes waren einige Fußabdrücke sichtbar. Und nicht nur das, der Polizei zufolge gab es Anzeichen, dass jemand den Hang hinunter auf das Gelände des Anwesens geschlittert war. Wie Sie der Skizze entnehmen können, führen die Spuren zum Haupteingang an der Ostseite, doch dann verschwinden sie, vermutlich weil sie von Schnee bedeckt wurden. Auf dem Lehmboden der Diele, in der man die Schuhe auszieht, bevor man den Wohnbereich betritt, entdeckte man zwei weitere Schlammabdrücke, offenbar identisch mit den anderen. Zusammenfassend lässt sich sagen, dass, wer auch immer den Abhang hinuntergerutscht war, sich nach Osten gewandt und das Nebengebäude durch die Eingangstür betreten hatte.

Die Abdrücke waren seltsam unförmig, und die schiefen Absätze deuteten darauf hin, dass sie von alten, abgetretenen Schuhen stammten. Im Ichiyanagi-Haushalt gab es niemanden, der ein solches Paar Schuhe besaß, daher war es nur logisch anzunehmen, dass die Abdrücke dem Mörder gehörten. Mit anderen Worten, der Mörder musste den Abhang hinter dem Haus hinuntergerutscht sein und sich durch den Vordereingang ins Haus geschlichen haben. Aber wann konnte dies geschehen sein? Bei der Klärung dieses Sachverhalts spielte der Schnee eine nützliche Rolle.

Am Abend zuvor hatte es gegen neun Uhr zu schneien begonnen, und gegen drei Uhr morgens hatte es aufgehört, was bedeutete, dass der Mörder sich vor neun Uhr ins Haus geschlichen haben musste oder zumindest vor zwei Uhr, als es sehr stark zu schneien angefangen hatte. Die Abdrücke in der Diele schienen jedoch nicht von jemandem zu stammen, der durch den Schnee gegangen war, woraus sich letztendlich ergab, dass sie vor 21 Uhr entstanden sein mussten.

Außerdem hatte es laut Akiko, die gegen 19 Uhr im ganzen Haus unterwegs gewesen war, um alle Läden zu schließen, keine Fußspuren in der Diele gegeben. Man kam also zu dem Ergebnis, dass sich der Mörder zwischen 19 und 21 Uhr eingeschlichen haben musste, vermutlich sogar während im Haupthaus die Hochzeitszeremonie stattfand. Bis hierhin hatte die Sache eine gewisse Logik.

Aber was hatte der Mörder nach seinem Eindringen im

Haus getan? Schauen Sie sich bitte noch einmal die Skizze an. Alles deutete darauf hin, dass der Mörder sich im Wandschrank gegenüber der Toilette versteckt gehalten hatte. In diesem Schrank wurde nämlich die Baumwollfüllung aus alten Futons aufbewahrt, und deutliche Abdrücke in dem watteartigen Material bewiesen, dass jemand darin gelegen hatte. Das war jedoch nicht alles. Auf dem Boden fand man auch die Scheide des Katana, das vermutlich die Mordwaffe gewesen war.

Dieses Schwert war in der Tokonoma des größeren Zimmers ausgestellt gewesen, und der Mörder musste es mit sich in den Wandschrank genommen haben. Also hatte es wohl bereits während der Sake-Zeremonie gefehlt, was jedoch wegen des vor der Nische aufgestellten Wandschirms niemand bemerkte.

Braut und Bräutigam waren gegen zwei Uhr zu Bett gegangen. So erschien es ziemlich seltsam, dass der Mörder bis vier Uhr morgens gewartet hatte, bis er sie tötete. Dazu gab es verschiedene Theorien, von denen die überzeugendste davon ausging, dass Kenzo und Katsuko es in ihrer Hochzeitsnacht nicht eilig mit dem Schlafen gehabt hatten, der Mörder aber genau darauf gewartet hatte.

Doch ich möchte das Augenmerk noch einmal auf die Lage des Wandschranks lenken. Dieser war nur durch eine dünne Wand von dem größeren Tatamizimmer getrennt, in dem das frischvermählte Paar lag, was den Mörder in die Lage versetzte, alles mitzuhören, was zwischen den beiden geschah – jedes Flüstern, jeden Atemzug, jeden Seufzer. Das war eine der besonders abstoßenden Seiten dieses Falls. Als Ginzo davon erfuhr, wurde er dunkelrot vor Zorn und Abscheu. Der Mörder wartete also ab, bis das Paar eingeschlafen war, bevor er sich mit gezückter Klinge aus dem Wandschrank schlich. Er öffnete die Shoji, die Schiebetür, die den Korridor an der Westseite von den Tatamizimmern trennte, und betrat den Schlafbereich. Doch zuvor tat er anscheinend etwas Merkwürdiges. Die Shoji, die der Tokonoma am nächsten lag, stand nur einen Spalt offen. Nachdem Katsuko ihr Koto-Spiel beendet hatte, so berichtete Akiko, habe sie die Schachtel mit den Koto-Plektren in die rechte hintere Ecke der Tokonoma gestellt. Aber bei der Untersuchung des Tatorts fand man die Schachtel vorne in der linken Ecke, unmittelbar neben der nur einen Spalt geöffneten Shoji. Offenkundig hatte der Mörder sie ein wenig aufgeschoben und durch den Spalt nach der Schachtel gegriffen. Er hatte drei Plektren entnommen, sie auf seine Finger gesteckt und die Schachtel an die verkehrte Stelle zurückgestellt.

Zu diesem Schluss war man angesichts des blutigen Abdrucks auf dem vergoldeten Wandschirm gelangt. Am Ende des vorigen Kapitels habe ich bereits erwähnt, dass der Abdruck der drei Finger etwas sehr Bizarres an sich hatte. Nun kann ich preisgeben, dass es sich gar nicht um richtige Fingerabdrücke handelte, sondern um Kratzer von Koto-Plektren.

An dieser Stelle möchte ich die besondere Eigenart des Koto-Plektrums beschreiben. Anders als die meisten Arten von Plektren gleicht es einem an einem Ring befestigten falschen Fingernagel. Der Ring wird über den Finger gestülpt, wobei der Nagel die Fingerkuppe bedeckt, das heißt, es konnten keine Fingerabdrücke im eigentlichen Sinn entstehen. Aus diesem Grund steckte der Mörder sich die Koto-Plektren an, bevor er die Morde beging … So nahm man an. Die drei in der Schachtel fehlenden Plektren, die blutverschmiert auf der Ablage über dem Handwaschbecken in der Toilette lagen, stützten diese Annahme.

Demzufolge schlich der Mörder sich mit den drei Plektren und dem Katana in das Zimmer, in dem die Frischvermählten schliefen. Zuerst griff er Katsuko an, die auf der dem Eingang zugewandten Seite schlief, und stach mehrmals auf sie ein. Es gab Hinweise, dass sie sich nur kurz und nicht sehr stark gewehrt hatte. Anscheinend war sie beinahe sofort tot.

Kenzo, zweifellos durch den Lärm geweckt, hatte sich aufgerichtet, nur um mit einem Schlag niedergestreckt zu werden, wobei der Mörder ihm den Arm aufschlitzte. Offenbar hatte Kenzo sich sogleich unerschrocken über Katsuko geworfen, um sie zu schützen, woraufhin der Mörder ihn mit dem Schwert durchbohrte, so dass der Bräutigam leblos auf seiner Braut liegen blieb.

Dies war der Anblick, der sich Kommissar Isokawa bei seinem Eintreffen bot. Allerdings gab es dabei noch viele unklare Details, die ihm ein Rätsel waren.

Wie erwähnt, hatte jemand die Koto ans Kopfende der Toten gestellt und mit blutigen Fingern darauf gespielt. Doch wieso in aller Welt hatte der Mörder sich die Zeit dazu genommen? Und dann waren da noch die gerissene Saite und der fehlende Steg. Warum und wohin war er verschwunden? Die Ermittler hatten das gesamte Haus durchsucht, aber nichts gefunden.

Noch rätselhafter war die Flucht des Mörders selbst. Wie war er entkommen? Jede einzelne Tür und jedes Fenster des Gebäudes waren von innen fest verriegelt gewesen.

Es gab nicht eine Lücke, durch die er hätte schlüpfen können.

Und doch hatte jemand Kenzo und Katsuko getötet und war, nachdem er auf der Koto gespielt hatte, durch die Shoji und über den Engawa auf der Westseite hinausgelangt. Er hatte die drei blutigen Plektren auf dem Handwaschbecken abgelegt und direkt vor dem Laden, in den Ryosuke und Genshichi mit dem Beil die Öffnung schlugen, ein kleines blutverschmiertes, zerknäultes Handtuch fallen lassen. Doch das war noch nicht alles – auf der Innenseite des zerstörten Ladens befand sich der Abdruck dreier blutiger Finger, diesmal nicht mit Plektren verdeckt. Ihre Spur war schwach, aber sichtbar und deutete darauf hin, dass der Mörder durch diesen Laden entkommen war oder zumindest versucht hatte, ihn zu öffnen. Daher stellte sich die Frage, ob der Laden wirklich verriegelt gewesen war, bevor Genshichi ihn mit dem Beil aufgebrochen hatte. Es war Ryosuke gewesen, der durch das von dem Beil geschlagene Loch gegriffen und ihn entriegelt hatte. Doch er verbat sich energisch jede Unterstellung, er könne sich geirrt haben.

»Der Laden war definitiv verriegelt. Genshichi hat mit dem Beil ein Loch hineingeschlagen, das gerade groß genug war, um die Hand hindurchzustecken und den Riegel aufzuschieben. Es ist unsinnig anzunehmen, der Mörder könnte auf diesem Weg entkommen sein. Und selbst wenn, wie kommt es dann, dass da draußen im Schnee keine Fußspuren von ihm sind? Genshichi und ich sind uns völlig sicher, dass der Laden verriegelt war. Auch Herr Ginzo wird das bestätigen.«

Letzterer nickte zustimmend, aber gleichzeitig musterte er Ryosuke mit einem Blick, in dem mehr als geringfügiger Argwohn lag.

Aber lassen Sie uns an dieser Stelle ein wenig zurückblicken …

Bis zum Morgengrauen stand Ginzo da und starrte entsetzt auf die Leichen seiner Nichte und ihres Bräutigams. Erst als gegen sieben Uhr morgens die Polizei eintraf, konnte er sich endlich losreißen. Der Himmel hatte aufgeklart, und auf dem Dach des Haupthauses glitzerte eine dicke Schneedecke in der Morgensonne. Immer rascher tropfte das Schmelzwasser von den Dachtraufen.

Doch Ginzo war blind für den Anblick und taub für das Geräusch. Sein Gesicht war vor Kummer verzerrt. Und unter seiner Trauer lauerten tiefe Reue und Wut.

Stumm machte er sich auf den Weg zurück zum Haupthaus, wurde aber durch Saburos Rückkehr aufgehalten. Dieser hatte ja bekanntlich die Nacht bei Großonkel Ihei in K. verbracht, aber inzwischen von einem Diener erfahren, was geschehen war, worauf er sofort nach Hause geeilt war. Er sah blass aus, aber es war sein Begleiter, ein eleganter Herr mit Schnauzbart, Mitte dreißig, der Ginzos Aufmerksamkeit erregte.

»Ryuji! Wo kommst du denn auf einmal her?«, rief die Hausherrin überrascht beim Anblick des Neuankömmlings.

»Genshichi hat uns gerade die schreckliche Nachricht überbracht, Mutter.«

Der Mann wirkte betroffen, doch zugleich auch ruhiger, als es unter diesen Umständen zu erwarten gewesen wäre.

»Es ist entsetzlich! Grauenhaft! Ich weiß nicht, was ich tun soll. Aber, Ryuji, wie kommst du so schnell hierher? Seit wann bist du da?«

»Ich komme gerade aus Fukuoka. Die Konferenz, an der ich teilgenommen habe, war früher zu Ende als erwartet … Also dachte ich, ich könnte Kenzo noch zur Hochzeit gratulieren, und bin am Bahnhof N. ausgestiegen. Als ich bei Großonkel Ihei in K. vorbeischaute, um mich zu erkundigen, wie die Hochzeit verlaufen ist, kam Genshichi …«

Ginzo, der den jüngeren Mann bis dahin verwundert gemustert hatte, riss die Augen auf. Sein brennender Blick bohrte sich von der Seite so ingrimmig in Ryujis Gesicht, dass es diesem kaum entgehen konnte. Ryuji fühlte sich sichtlich unwohl.

»Mutter, und dieser Herr ist …?«

»Oh, das ist Katsukos Onkel. Herr Ginzo, darf ich vorstellen, mein zweitältester Sohn Ryuji.«

Ginzo neigte kurz den Kopf und begab sich, ohne ein einziges Wort zu sagen, in sein Zimmer im Haupthaus. Nachdem er eine Weile nachdenklich im Raum gestanden hatte, murmelte er schließlich einen einzigen Satz: »Der Mann lügt.«

Sodann holte er ein leeres Telegrammformular aus seinem Koffer, überlegte einen Moment und schrieb.

Katsuko tot. Schick Kindaichi.

Er adressierte das Telegramm an seine Frau und machte sich auf den Weg zum Postamt in K.

6 Sichel und Koto-Steg

»Dieser Fall ist so was von vertrackt. Nicht ganz geheuer. Ich arbeite schon so lange in meinem Beruf, dass mich kaum noch etwas überraschen kann, so blutig und grässlich es auch sein mag. Aber je mehr ich über diesen Mord nachdenke, desto unsicherer werde ich. Kimura, was hältst du davon, dass der Mörder Fußspuren auf seinem Weg ins Haus, aber keine beim Hinausgehen hinterlassen hat?«, fragte Kommissar Isokawa seinen Assistenten.

Er hatte einen Schreibtisch auf den Engawa des Nebengebäudes bringen lassen und versuchte mühsam, die Fetzen des zerrissenen Zettels zusammenzusetzen. Kimura half ihm.

»Und wenn wir den Fall mal ganz simpel betrachten, Chef?«

»Was heißt simpel?«

»Nehmen wir einmal an, dieser Ryosuke lügt. Dann ist überhaupt nichts mehr rätselhaft. Immerhin ist er der Einzige, der weiß, ob der Laden wirklich verriegelt war oder nicht. Also kann er uns erzählen, was er will.«

»Das stimmt, aber da ist auch noch die Sache mit den Fußspuren.«

»Wollen wir nicht lieber der Reihe nach vorgehen, Chef? Nach Fußspuren können wir den Garten später noch einmal absuchen. Aber wenn Ryosuke lügt, müssen wir uns fragen, warum er das tut.«

»Dazu fällt dir bestimmt was ein, oder?«

»Ich glaube, er weiß mehr, als er sagt. Vielleicht kennt er den Mörder.«

»Aber ob er den Mörder kennt und ob die Läden verschlossen waren oder nicht, sind zwei verschiedene Fragen, oder?«

»Nein, eigentlich nicht. Oder besser gesagt, beides hängt zusammen. Ich mag diesen Mann nicht. Er hat etwas Verschlagenes an sich.«

»Du darfst einen Menschen nicht nach dem ersten Eindruck beurteilen. So macht man Fehler.«

Andererseits hatte Kommissar Isokawa selbst nicht gerade einen vorteilhaften Eindruck von Ryosuke.

Alle Geschwister Ichiyanagi verfügten über ein Erscheinungsbild und ein Auftreten, die es ihnen erlaubten, sich mit Fug und Recht als Honjin-Nachkommen zu fühlen. Selbst der Taugenichts Saburo war auf seine – wiewohl arbeitsscheue und unzuverlässige – Art eindeutig als Sohn aus wohlhabendem Haus zu erkennen, und ein Vergleich fiel keineswegs zu Ryosukes Gunsten aus, der klein und mager war. Er sah älter aus, als er war, und wirkte irgendwie kleinlich und armselig. Seine ganze Erscheinung hatte etwas Grobes. All das erkannte man, sobald man ihm in die unstet umherhuschenden Augen sah, die unablässig in den Gesichtern zu lesen schienen. Auf den ersten Blick hätte man ihn für ängstlich halten können, in Wirklichkeit hingegen war er äußerst gerissen und wachsam.

»Er ist das Oberhaupt der Zweigfamilie, nicht wahr?«

»Stimmt. Er wird nie etwas erben. Als Gelehrter hat der ermordete Kenzo sich offenbar nie ernsthaft mit dem Familienvermögen beschäftigt. Ryosuke führt die Geschäfte, und es wird ihm nachgesagt, dass er dabei ganz ordentlich profitiert.«

»Und was ist mit dem zweiten Sohn, diesem Ryuji? Ich finde es ausgesprochen verdächtig, dass er zufällig ausgerechnet heute Morgen in seinem Elternhaus auftaucht.«

»Er genießt anscheinend einen guten Ruf. Im Dorf heißt es, er sei ein umgänglicher und aufgeschlossener Mensch. Er arbeitet in einem Krankenhaus in Osaka und war wohl gerade auf dem Rückweg von einer Konferenz an der Universität Kyushu. Das lässt sich leicht überprüfen, also bezweifle ich, dass er lügt.«

»Wenn ich dich recht verstehe, hältst du es für möglich, dass Ryosuke den Mörder deckt. Meinst du, Ryosuke kennt den Mann mit den drei Fingern? Laut Aussage der Okamisan vom Wirtshaus Kawada war er bloß ein Landstreicher, ein armer heruntergekommener Kerl.«

Das Wirtshaus Kawada war natürlich die billige Kneipe am Rathaus, vom Anfang unserer Geschichte, als der Mann mit den drei Fingern zum ersten Mal aufgetaucht war.

Vor diesem Gespräch mit seinem Assistenten hatte Kommissar Isokawa die Befragung der Familie Ichiyanagi weitgehend abgeschlossen und wusste demzufolge auch über den geheimnisvollen Mann mit den drei Fingern Bescheid. Sobald Saburo vom Abdruck der drei Finger erfuhr, konnte er dem Kommissar nicht schnell genug erzählen, was er beim Barbier gehört hatte.

Daraufhin hatte Isokawa sofort einen Beamten zum Wirtshaus geschickt, der mit einer genauen Beschreibung des Mannes und dem Glas, aus dem er getrunken hatte, zurückkehrte. Die Okamisan hatte Wort gehalten. Ihr Widerwille war derart groß gewesen, dass sie das Glas nicht mehr benutzt hatte und die drei Fingerabdrücke darauf noch deutlich sichtbar waren. Kommissar Isokawa gab sogleich eine kriminaltechnische Untersuchung in Auftrag.

Als Akiko von Saburos Geschichte erfuhr, fiel ihr der seltsame Mann ein, der kurz vor der Hochzeit an der Küchentür aufgetaucht war. Daraufhin befragte die Polizei die alte Nao, die Küchenhilfen und alle anderen, die sich zu diesem Zeitpunkt in der Küche aufgehalten hatten. Es wurde sofort klar, dass es sich um ein und denselben Mann handelte. Außerdem erfuhr die Polizei von Akiko, dass sie die Nachricht des Mannes Kenzo überbracht, er sie nach der Lektüre zerrissen und die Fetzen in den Ärmel seines Kimono gestopft hatte. Daraufhin ließ der Kommissar den Kimono, den Kenzo zum Zeitpunkt seines Todes getragen hatte, durchsuchen. Der zerrissene Zettel wurde gefunden, und Kommissar Isokawa und sein Assistent Kimura waren nun dabei, ihn wieder zusammenzusetzen.

»Wir haben es fast geschafft, Kimura. Hast du vielleicht das Stück, das hierhergehört? Nein, nicht das … Das hier könnte es sein. Jetzt nur noch zwei … Das dahin und das dorthin. So, fertig!«

Glücklicherweise war nichts verloren gegangen, und es war den Beamten gelungen, den Zettel vollständig wieder zusammenzusetzen. Allerdings waren die Zeichen kaum lesbare

Bleistiftschnörkel, die den Spuren kriechender Regenwürmer glichen.

»Was für eine sonderbare Schrift! Kimura, dieses erste Wort? Was meinst du, könnte das sein?«

»Vielleicht das Zeichen für ›Insel‹?«

»Insel? Jetzt, wo du's sagst, ja, wäre möglich. ›Das auf der Insel gegebene Versprechen‹ heißt das, nicht wahr? … Und das nächste?«

»Vielleicht ›kurz‹? Wird in Kürze?«

»Ja, genau. Wird in Kürze … ›erfüllt‹, oder? Wer zur Hölle soll dieses Gekritzel lesen?«

Die Handschrift war an sich schon unleserlich, hinzu kam, dass der Zettel zerfetzt worden war. Es erforderte viel Geduld, überhaupt etwas zu entziffern. Doch die beiden Männer ließen sich nicht entmutigen und gelangten schließlich zu folgendem Ergebnis:

Das auf der Insel gegebene Versprechen wird sich in Kürze erfüllen. Ich werde im Schutze der Nacht, sei es durch einen Überraschungsangriff oder mit welchen Mitteln auch immer, zuschlagen.
Dein »Todfeind«.

Die beiden Polizisten waren einen Moment lang sprachlos.

»Das ist eine Drohung, Chef«, sagte Kimura schließlich. »Ganz klar eine Mordankündigung.«

»Sieht ganz so aus. Wenige Stunden nachdem Kenzo die Botschaft erhalten hatte, ist er ermordet worden. Verdammt! Dieser Fall ist noch undurchsichtiger als gedacht.«

Den zusammengeklebten Zettel in der Hand, erhob sich Kommissar Isokawa.

»Komm, lass uns Nachforschungen im Haupthaus anstellen. Wir müssen herausfinden, ob Kenzo irgendwann einmal längere Zeit auf einer Insel verbracht hat.«

Gerade als der Kommissar in ein Paar Geta schlüpfte, rief jemand seinen Namen. Es war der junge Beamte, den er beauftragt hatte, das Gelände an der Westseite des Nebengebäudes gründlich zu durchsuchen.

»Könnten Sie bitte mal kommen und sich etwas ansehen, Kommissar Isokawa? Ich habe etwas Seltsames gefunden.«

»Was? Schon wieder was Neues?«

Der junge Beamte führte ihn zu einer Stelle direkt unter der Dachtraufe des Toilettenvorsprungs an der Nordwestecke des Gebäudes. (Bitte werfen Sie noch einmal einen Blick auf die Skizze auf Seite 50.) Dort hatte jemand das abgefallene Laub zu einem kleinen Haufen zusammengekehrt. Der Polizeibeamte schob mit einem Stock ein paar Blätter beiseite.

»Sehen Sie sich das an.«

Der Kommissar riss unwillkürlich die Augen auf.

»Ist das nicht der Steg einer Koto?«

»Stimmt genau, Chef. Der verschwundene Koto-Steg. Jemand hat ihn hier draußen versteckt. Der Mörder muss auf seiner Flucht hier vorbeigekommen sein. Ich dachte zuerst, er hätte den Steg vielleicht aus einem Toilettenfenster geworfen, aber soweit ich feststellen konnte, sind die alle mit einem Drahtgitter versehen, das zu fein ist, um einen Koto-Steg hindurchzustecken. Auch die Ranma aus dem Ast kommt nicht infrage. Man könnte den Steg zwar durch eine der Lücken werfen, aber in dem Fall wäre er ganz woanders gelandet. Die Toilettenwand hätte den Fallwinkel zu dem Laubhaufen blockiert. In einem Punkt haben wir Glück. Dadurch, dass der Steg unter dem Laub begraben war, ist er kaum nass geworden, und es sind blutige Fingerabdrücke darauf sichtbar.«

Kommissar Isokawa blickte hinauf zu den Toilettenfenstern und dann zur Ranma über dem Laden. Sein junger Kollege hatte recht.

»Gut, lassen Sie den Steg kriminaltechnisch untersuchen. Haben Sie sonst nichts gefunden?«

»Doch, eine Sache noch. Hier drüben.«

Der junge Mann führte Isokawa zu dem großen Kampferbaum und deutete ins Dickicht der Äste.

»Dort«, sagte er. »Auf der Höhe des dritten Astes von unten steckt eine Sichel. Ich bin schon raufgeklettert, aber sie sitzt zu fest, und ich hatte nicht die Kraft, sie herauszuziehen. In den Griff ist der Name einer Gartenbaufirma eingebrannt.«

»Ein Gärtner muss sie dort vergessen haben.«

»Es sieht tatsächlich so aus, als hätte jemand den Garten vor Kurzem in Ordnung gebracht. Aber eine Sichel, so hoch in einem Baum? Eine Schere oder so etwas könnte ich mir da eher vorstellen. Schon seltsam.«

»Jetzt, wo du es sagst.«

Der Kommissar überlegte.

»Lass die Sichel vorläufig da oben stecken. Und … was war es doch gleich? Ach ja, vergiss nicht, den Koto-Steg zum Bahnhof zu bringen. Und schau dich für alle Fälle noch einmal gründlich um.«

Kommissar Isokawa machte sich auf den Weg zum Haupthaus, wo er die gesamte Familie Ichiyanagi im Wohnzimmer vorfand. Auch Ginzo saß Pfeife rauchend in einer Ecke. Nachdem er am Morgen von der Post heimgekehrt war, hatte er sich dorthin zurückgezogen und seitdem mit kaum jemandem ein Wort gewechselt. Er saß nur da, schmauchte stumm seine Tabakspfeife und lauschte den verhaltenen Gesprächen.

Ohne jede Zurückhaltung beobachtete er beinahe unverschämt die Gesichter und Bewegungen der Familie. Ginzos Anwesenheit hing schwer und drückend wie eine dunkle Regenwolke über den Ichiyanagis. Besonders Ryosuke und Saburo wandten stets hastig und erschrocken ihre Blicke ab, sobald sie Ginzo streiften und dieser durchdringend zurückstarrte.

Allein Suzuko störte sich nicht an der vermeintlich finsteren Miene des alten Mannes. Stattdessen schien sie zu spüren, wie viel Sanftmut und Güte in ihm steckten. Sie fühlte sich zu ihm hingezogen und lehnte jetzt den Kopf gegen sein Knie.

»Du, Onkelchen Ginzo?« Sie zupfte an einem seiner Finger. »Ich … Also, da war was ganz Komisches.«

Die Pfeife im Mund, sah Ginzo sie an.

»Gestern Nacht haben wir doch die Koto gehört. Zuerst war es nur, als würde jemand wie verrückt mit Plektren an den Fingern über die Saiten fahren. Beim zweiten Mal war es nur pling pling, wie wenn man einzelne Saiten zupft. Weißt du noch, Onkel Ginzo?«

»Ja, ich erinnere mich.«

»Nun, vorgestern Nacht habe ich das schon mal gehört.«

Ginzo sah Suzuko verblüfft an.

»Suzuko, sagst du auch die Wahrheit?«

»Natürlich. Es kam aus dem Nebengebäude.«

»Also hat vorgestern auch jemand wie verrückt die Saiten angeschlagen?«

»Nein. Oder ich habe es nicht gehört, weil ich schon tief und fest geschlafen habe. Vorgestern habe ich nur das Zupfen gehört.«

»Weißt du noch, um wie viel Uhr das war?«

»Nein, ich bin so erschrocken, dass ich mir die Bettdecke über den Kopf gezogen habe. Denn in der Nacht war doch gar niemand im Nebengebäude. Und die Koto stand auch noch hier. Onkel Ginzo, ist es wahr, dass sich eine Katze, wenn sie stirbt, in einen Geist verwandelt?«

So endeten alle Unterhaltungen mit Suzuko. Kaum glaubte man, ein einigermaßen schlüssiges Gespräch zu führen, landete man plötzlich im Reich ihrer Phantasie.

Dennoch hatte Ginzo den Eindruck, dass sie in einer der vorherigen Nächte wirklich schon einmal eine Koto gehört hatte. Das musste etwas zu bedeuten haben. Er wollte Suzuko gerade bitten, ihm mehr davon zu erzählen, als Kommissar Isokawa den Raum betrat und das Gespräch unterbrach.

»Ich möchte Ihnen allen eine Frage stellen«, sagte Isokawa. »Hat Kenzo sich irgendwann einmal auf einer Insel aufgehalten?«

Die Ichiyanagis sahen sich an.

»Kannst du dich an so was erinnern, Ryosuke?«, fragte Ryuji. »Kenzo war doch eigentlich in letzter Zeit kaum unterwegs, oder?«

»Es muss nicht in letzter Zeit gewesen sein«, korrigierte der Kommissar rasch. »Es könnte auch viel länger her sein. War er mal auf einer Insel? Und hat dort längere Zeit verbracht?«

»Oh, das ist durchaus wahrscheinlich. Mein Bruder ist in seiner Jugend viel gereist. Und war an allen möglichen Orten. Aber was hat das mit seinem Tod zu tun, Herr Kommissar?«, fragte Ryuji befremdet.

»Nun, wir glauben, seine Verbindung zu einer Insel könnte ein Schlüssel zu seiner Ermordung sein. Den Namen der Insel zu kennen, die hier erwähnt wird, wäre vielleicht hilfreich.«

Kommissar Isokawa hielt den zusammengeklebten Zettel hoch.

»Dieses Papier enthält eine rätselhafte Botschaft. Ich werde sie Ihnen vorlesen. Bitte sagen Sie mir, ob Sie etwas damit anfangen können.«

Der Kommissar las vor. Bei der Unterschrift »Dein ›Todfeind‹« entfuhr Saburo ein leiser Schrei. Als der Kommissar ihn durchdringend musterte und auch seine Verwandten forschende Blicke auf ihn richteten, wurde er totenblass und wirkte panisch, wie ein auf frischer Tat ertappter Verbrecher.

7 Eine Lagebesprechung

Saburo zog mit seinem eigenartigen Verhalten die Aufmerksamkeit der Anwesenden auf sich.

»Saburo, weißt du etwas über diesen Brief?«, fragte Ryuji stirnrunzelnd.

Sein jüngerer Bruder wurde unter dem Druck der allgemeinen Aufmerksamkeit zunehmend panischer.

»Ich … ich …«, stotterte er und wischte sich den Schweiß von der Stirn.

Kommissar Isokawas Blick wurde strenger.

»Saburo, wenn Sie etwas wissen, dann müssen Sie es uns sagen. Es ist von größter Wichtigkeit.«

Der strenge Ton des Kommissars versetzte den jungen Mann in noch größere Bedrängnis, doch schließlich gelang es ihm zu sprechen.

»Dieses Wort am Ende des Briefes, ich … ich kenne es. Dieses Wort ›Todfeind‹. Ich habe es schon einmal gesehen.«

»Wo haben Sie es gesehen?«

»In einem von Kenzos Fotoalben. Unter einem der Fotos stand kein Name, sondern nur ›Mein Todfeind‹. Das erschien mir so seltsam, dass ich es mir sofort gemerkt habe.«

Seine Mutter Itoko und Ryosuke wechselten verstohlen

einen Blick. Ryuji wirkte beunruhigt, und Ginzo behielt von seinem Platz aus alle drei genau im Auge.

»Wo befindet sich das Album, von dem Sie sprechen?«

»Es müsste in Kenzos Studierzimmer sein. Mein Bruder war immer sehr eigen und mochte es nicht, wenn andere seine Sachen anfassten. Ich habe das Foto nur ganz zufällig gesehen.«

»Gnädige Frau, dürfen wir das Studierzimmer des Verstorbenen durchsuchen?«

»Selbstverständlich. Saburo, zeig dem Herrn Kommissar den Weg.«

»Ich komme mit«, sagte Ryuji und erhob sich. Ginzo stand ebenfalls auf, um den anderen zu folgen.

Kenzos Studierzimmer befand sich links von der großen Diele des Haupthauses, also im südöstlichen Trakt des Gebäudes.

Es war mit etwa zwölf Tatami, also etwa zwanzig Quadratmetern, recht geräumig und im westlichen Stil eingerichtet, jedoch durch eine dünne Trennwand in zwei Bereiche geteilt, von denen der kleinere von Saburo benutzt wurde. Er hatte eine eigene Tür an der Nordseite des Raums. Damit standen Kenzo acht Tatami, das heißt, etwa vierzehn Quadratmeter, zur Verfügung. Die bis zur Decke reichenden Regale an den Wänden im Osten und im Norden waren mit ausländischen Büchern vollgestopft. Unter dem Fenster auf der Südseite befand sich ein großer Schreibtisch. Genau in der Mitte zwischen den beiden Räumen stand ein Holzkohleofen aus Metall.

»Wo ist dieses Album, Saburo?«

»In dem Bücherregal hier irgendwo.«

Aus praktischen Gründen bewahrte Kenzo Unterlagen, die er regelmäßig brauchte, in einem Regal direkt links neben seinem Schreibtisch auf. Dort fanden sich ein Fotoalbum, eine Reihe von Tagebüchern und einige Zeitungsausschnitte, alles fein säuberlich geordnet. Saburo streckte die Hand aus, um nach dem Album zu greifen, doch Kommissar Isokawa hielt ihn auf.

»Nein, bitte nichts anfassen.«

Der Kommissar nahm den Inhalt des Regals in Augenschein. Es schien, als hätte Kenzo regelmäßig und gewissenhaft Tagebuch geführt. In chronologischer Reihenfolge standen dort zwanzig Bände von 1917 bis 1936, also bis zum letzten Jahr. Sie stammten alle von derselben Firma in Tokio und waren in Größe, Einband und Papierqualität identisch, was einiges über Kenzos Persönlichkeit aussagte.

Der Kommissar brachte sein Gesicht so nah an die Bände heran, dass er mit der Stirn das Regal streifte. Nachdem er sie eine Weile nachdenklich gemustert hatte, wandte er sich stirnrunzelnd den anderen zu.

»Jemand hat sich in letzter Zeit an diesen Tagebüchern zu schaffen gemacht. Die drei Bände 1924, 1925 und 1926 schließen nicht exakt mit den anderen ab. Außerdem liegt auf allen ein wenig Staub, auf diesen dreien jedoch nicht. Und noch etwas ist seltsam.«

Behutsam zog Kommissar Isokawa die drei Bände aus dem Regal und zeigte jeden einzelnen davon den anderen. Bei genauerem Hinsehen erkannten sie verblüfft, dass in allen drei Bänden Seiten fehlten. Jemand hatte sie offenbar herausgeschnitten oder -gerissen. Im Tagebuch von 1925 fehlte etwa die Hälfte der Seiten, so dass der Einband sich gelöst hatte.

»Sehen Sie her. Die Seiten sind erst vor Kurzem herausgeschnitten worden. Können Sie mir sagen, wie alt Ihr Bruder Kenzo zwischen 1924 und 1926 war?«

»Kenzo ist dieses Jahr vierzig geworden, muss also 1924 siebenundzwanzig gewesen sein«, antwortete Ryuji.

»Es geht demnach um die Tagebücher, die er im Alter zwischen siebenundzwanzig und neunundzwanzig Jahren verfasst hat. Wie hat er damals gelebt?«

»Mit fünfundzwanzig schloss er in Kyoto die Universität ab und war die nächsten beiden Jahre als Dozent dort tätig. Irgendwann verschlimmerte sich sein Atemwegsleiden derart, dass er sich zur Kündigung entschloss. In den drei darauffolgenden Jahren schonte er sich vor allem, um seine Genesung voranzutreiben. In seinen Tagebüchern muss eine ganze Menge über diese Zeit stehen.«

»Das heißt also, diese Bände befassen sich mit dem Zeitraum, nachdem er das Unterrichten aufgegeben hatte, um sich von seinem Lungenleiden zu erholen? Ich muss herausfinden, wer diese Seiten herausgeschnitten hat und warum. Was ist aus den fehlenden Seiten geworden? Wurden sie vernichtet? Wie gesagt, scheint das erst kürzlich geschehen zu sein. Ja, bitte, was ist?«

Der Kommissar drehte sich abrupt um und sah Ginzo an, der sich geräuspert hatte und mit seiner Pfeife auf den Holzkohleofen klopfte. Isokawa begriff sofort, worauf der alte Herr hinauswollte, eilte zum Ofen hinüber und riss die Metalltür auf. Das Innere des Ofens war voll von den Überresten verkohlter Papiere. Einige der Seiten waren jedoch nicht vollständig verbrannt. Der Kommissar stieß ein zufriedenes Brummen aus.

»Wann wurde der Ofen zuletzt gereinigt?«

»Gestern Abend war noch nichts Derartiges darin«, sagte Saburo nach einem Blick hinein. »Ich habe bis etwa sieben Uhr hier gelesen und ein paarmal selbst Holzkohle nachgelegt. Deshalb bin ich vollkommen sicher, dass kein Papier im Ofen war.«

Ginzo, dessen Miene keinerlei Regung verriet, ließ Saburo nicht aus den Augen. Als dieser den Blick bemerkte, wurde er aus irgendeinem Grund flammend rot.

»Gut, ich werde mir das später noch genauer ansehen«, fuhr Kommissar Isokawa fort. »Ich bitte Sie, darauf zu achten, dass niemand die verbrannten Überreste anrührt. Also, Saburo-san, das hier muss demnach das fragliche Fotoalbum sein.«

Insgesamt waren es fünf Alben, auf deren Rücken jeweils mit roter Tinte die entsprechenden Jahreszahlen standen. Kommissar Isokawa zog das Album von 1923 bis 1926 heraus, legte es auf den Schreibtisch und begann vorsichtig zu blättern. Er war kaum auf der fünften oder sechsten Seite angekommen, als Saburo ihn unterbrach.

»Das ist es, Herr Kommissar.«

Er deutete auf ein verblichenes Foto, das zudem zerknittert und abgewetzt war. Alle anderen Bilder waren eindeutig Amateuraufnahmen, vermutlich von Kenzo selbst. Dieses Foto hingegen stammte offensichtlich von einem professionellen Fotografen. Es handelte sich um ein offizielles Passbild, wie man es zum Beispiel für die Bewerbung an einer Universität verwenden würde, und zeigte einen jungen Mann von etwa drei- oder vierundzwanzig Jahren mit Bürstenschnitt, der eine Jacke mit Stehkragen und Messingknöpfen trug.

Unter diesem Bild standen unzweifelhaft in Kenzos Handschrift die Worte »Mein Todfeind«. Die einstmals rote Tinte war zu einem matten Braun verblasst.

»Weiß jemand, wer die Person auf dem Foto ist?«

Ryuji und Saburo schüttelten die Köpfe.

»Sie haben Ihren Bruder nicht auf dieses Foto angesprochen?«

»Sie kannten meinen Bruder nicht«, erwiderte Saburo. »Er wäre außer sich gewesen, wenn ich ihn danach gefragt hätte. Ich habe ihm nicht einmal gesagt, dass ich es gesehen habe.«

»Todfeind ist ein ziemlich starkes Wort. Erinnert sich jemand an einen Vorfall, der eine solche Feindseligkeit hätte auslösen können?«

»Mein Bruder war ein sehr verschlossener Mensch.« Ryuji runzelte die Stirn. »Er hat niemandem Einblick in sein Herz gewährt. Hätte es einen solchen Vorfall gegeben, hätte er gewiss mit niemandem darüber gesprochen und alles für sich behalten«, fügte er mit grimmiger Miene hinzu.

»Jedenfalls werde ich mir dieses Foto vorläufig ausleihen«, sagte Kommissar Isokawa. Er versuchte, es abzulösen, aber es klebte sehr fest. Um es nicht zu beschädigen, schnitt er es mit der Schere aus dem Karton heraus und legte es sorgsam in sein Notizbuch.

An diesem Abend fand eine allgemeine Lagebesprechung auf dem Polizeirevier in S. statt.

Allerdings habe ich kaum Kenntnis darüber, wie sie vonstattenging. Einige Fakten konnte ich den Notizen von Dr. F. entnehmen, ansonsten habe ich mir bei der Schilderung des Ablaufs gewisse künstlerische Freiheiten erlaubt.

»Und nun zu den verbrannten Seiten aus dem Tagebuch«, leitete Kommissar Isokawa seinen Bericht ein. »Wie erwähnt, betrat Akiko aus dem Seitenzweig der Familie Ichiyanagi auf der Suche nach Kenzo gestern Abend kurz vor der Hochzeitszeremonie das Nebengebäude. Bei dieser Gelegenheit bat er sie, die Läden im ganzen Haus zu schließen, worauf er es noch vor ihr verließ. Als Akiko wenig später ins Haupthaus zurückkehrte, traf sie Kenzo nicht im dortigen Wohnzimmer an, obwohl er ja eigentlich vor ihr aufgebrochen war. Inzwischen rückte die Hochzeitszeremonie näher, und die gnädige Frau Itoko wurde so nervös, dass sie Akiko erneut losschickte, um ihren Sohn zu suchen. Akiko sagt aus, ihn in seinem Studierzimmer gefunden zu haben, wo er dabei war, etwas im Holzkohleofen zu verbrennen.«

»Ich verstehe«, sagte der Polizeichef. »Demnach hat Kenzo Ichiyanagi die Seiten aus dem Tagebuch selbst herausgerissen und verbrannt.«

»Das ist richtig. Angeblich ist es nicht unüblich, dass Leute sich alter Tagebücher und Briefe entledigen, bevor sie heiraten, aber in diesem Fall muss es wohl eine besondere Bewandtnis damit haben, da es so kurzfristig und unmittelbar vor der Hochzeit geschah. Anders ausgedrückt, muss die Botschaft auf dem Zettel, den Akiko überbracht hatte, Herrn Kenzo an etwas aus seiner Vergangenheit erinnert haben, so dass er es für notwendig erachtete, sämtliche Aufzeichnungen darüber zu vernichten.«

»Das wäre also der Grund für die verbrannten Tagebücher?«

»Richtig. Er scheint sehr darauf geachtet zu haben, dass nichts zurückblieb. Nahezu alle Seiten sind vollständig verbrannt. Nur fünf oder sechs, also eine vergleichsweise geringe Menge, weisen unverbrannte Teile auf. Nun wissen wir nicht, ob das Ganze überhaupt etwas mit unserem Fall zu tun hat, dennoch will ich Ihnen das Wenige vorlesen. Leider ist bei allen das Datum verbrannt, so dass wir nicht wissen, wann was geschrieben wurde. Vermutlich geht es jedoch um das Jahr 1925.«

Kommissar Isokawa hatte fünf Papierfragmente mitgebracht, die dem Feuer entgangen waren. Diese Sätze, die beinahe zu Asche zerfallen wären, erwiesen sich als sehr bedeutsam. Dr. F. hatte sie sich genau notiert, und ich habe sie für Sie abgeschrieben.

1. … auf meinem Weg zum Strand kam ich an der üblichen Stelle vorbei. Ofuyu spielte wieder auf der Koto. In letzter Zeit zerreißt mir der Klang fast das Herz …

2. … dieser Hund. Wie ich den Kerl verabscheue. Ich werde ihn für den Rest meines Lebens verachten …

3. … die Beerdigung von Ofuyu. Ein trauriger, trostloser Tag. Wieder nieselt es hier auf der Insel. Die Beerdigung war …

4. … ich denke daran, ihn zum Duell zu fordern. Diese unsägliche Wut. Bei dem Gedanken an ihren traurigen Tod könnte ich ihn in Stücke reißen. Ich betrachte ihn als meinen Todfeind, hasse, hasse, hasse ihn …

5. … bevor ich die Insel verließ, besuchte ich noch einmal Ofuyus Grab. Ich nahm einige wilde Chrysanthemen mit, und während ich betete, glaubte ich, den Klang einer Koto zu vernehmen. Und plötzlich verstand ich …

Der Polizeichef war dem gerade noch leserlichen Inhalt der Tagebuchseiten aufmerksam gefolgt.

»Anscheinend hatte dieser Kenzo sich auf einer Insel in eine Dame namens Ofuyu verliebt. Besagte Ofuyu war an einen anderen Mann gebunden, der irgendwie ihren Tod verursachte und sich Kenzo damit zum Todfeind machte. Und dieser Mann ist unser Mörder.«

»So sieht es aus, nicht wahr?«, sagte Kommissar Isokawa. »Hinter der ganzen Sache steckt vermutlich eine lange, komplizierte Geschichte. Es wäre eine große Hilfe, wenn wir den Namen des Mannes oder zumindest den Namen der Insel wüssten. Aber die Tagebuchseiten, die uns das verraten könnten, sind natürlich verbrannt. Allerdings wissen wir, dass Kenzo 1925 achtundzwanzig Jahre alt war und ein Lungenleiden hatte. Anscheinend reiste er damals in der Inlandsee von Insel zu Insel. Leider weiß niemand aus der Familie Ichiyanagi, um welche Inseln es sich handelte.«

»Aber wir haben das Foto … Geht damit in das Wirtshaus, wo der Mann mit den drei Fingern zuerst aufgetaucht ist.«

»Das haben wir natürlich bereits getan. Ich habe es der Okamisan, dem Rathausdiener und dem Fuhrmann gezeigt, und alle drei schwören, es sei derselbe Mann. Sie sagen auch, dass er viel älter und abgemagerter war und auf einer Wange eine lange Narbe hatte. Er hat sich stark verändert, dennoch bleiben die drei dabei, dass es sich um denselben Mann handelt.«

»Dann besteht also kein Zweifel. Und nachdem er das Wirtshaus verlassen hatte, hat ihn niemand mehr gesehen?«

»Doch«, sagte Isokawas Assistent Kimura. »Er wurde noch am selben Tag von einem Bauern namens Yosuke Taguchi gesehen, der in der Nähe des Ichiyanagi-Anwesens lebt. Er sagte, der Mann habe vor dem Haupttor gestanden und hindurchgespäht. Vielleicht merkte er, wie verdächtig er sich machte, denn er erkundigte sich wenig überzeugend, ob er auf dem richtigen Weg ins Dorf H. sei, und machte sich, als Bauer Yosuke ihm dies bestätigte, in Richtung H. auf den Weg. Doch als Yosuke sich noch einmal umdrehte, kletterte der Mann gerade den steilen Hang an der Nordseite des Grundstücks hinauf, vermutlich um sich von dort einen Überblick über das Anwesen zu verschaffen. Das muss etwa zehn Minuten, nachdem er das Wirtshaus verlassen hatte, gewesen sein.«

»Am Abend des 23. November? Zwei Tage vor der Hochzeit?«

»Ja, genau.«

»Und haben Sie das Foto auch den Leuten gezeigt, die in der Küche waren, als der Mann kurz vor der Hochzeitszeremonie dort auftauchte, und diesem Bauern – wie hieß er noch – Yosuke Taguchi?«

»Selbstverständlich, aber sie erklärten übereinstimmend, sie seien sich nicht sicher, da er seinen Hut tief ins Gesicht gezogen und eine Maske über Mund und Nase getragen habe. Zudem ist es ziemlich dunkel in der Küche. Das bringt uns also nicht weiter.«

Der Polizeichef rauchte eine Zigarette, während er über den Fall sinnierte. Irgendwann fiel sein Blick auf seinen Schreibtisch, auf dem mehrere Gegenstände aufgereiht waren.

1. ein Glas
2. ein Katana
3. die Schwertscheide für das Katana
4. drei Koto-Plektren
5. ein Koto-Steg
6. eine Sichel

»Ich nehme an, das ist das Glas aus dem Wirtshaus. Gibt es Fingerabdrücke darauf?«

»Darf ich Ihnen berichten?«, fragte der junge Mann, der für die forensische Analyse zuständig war. »Ich habe Ihnen eine Fotografie mitgebracht. Sie zeigt die Abdrücke von zwei Personen auf dem Glas. Die ersten gehören der Okamisan. Die anderen sind von einem Daumen, einem Zeige- und einem Mittelfinger, was uns annehmen lässt, dass sie von dem sogenannten Mann mit den drei Fingern stammen. Die gleichen Abdrücke fanden wir auch auf dem Schwert, der Scheide und dem Koto-Steg. Die Abdrücke auf dem Steg waren zudem blutig. Auf dem Schwert und der Scheide waren auch Teile von

Kenzos Fingerabdrücken. Auf dem Koto-Steg sind nur die des Mörders. Die Abdrücke auf der Unterseite der Plektren sind vermutlich ebenfalls von ihm, aber zu verwischt, um sie identifizieren zu können. Der Griff der Sichel besteht, wie Sie sehen, aus einer sehr rauen Holzart, so dass die Abdrücke darauf nicht eindeutig sind.«

»Woher kommt jetzt plötzlich die Sichel?«

»Damit hat es Folgendes auf sich.« Kommissar Isokawa erhob sich. »Sie steckte im Ast eines Kampferbaums im Garten des bewussten Nebengebäudes. Unsere Ermittlungen haben ergeben, dass etwa eine Woche vor dem Mord ein Gärtner das Anwesen bestellt hat. Auf Befragen bestätigte er, die Sichel dort zurückgelassen zu haben. Allerdings fand er es äußerst abwegig, mit einer Sichel auf einen Baum zu klettern, um sie irgendwo weit oben in den Stamm zu rammen. Ich sehe keinen Grund, an der Aussage des Gärtners zu zweifeln. Es bleibt also die Frage, warum die Sichel im Baum steckte und warum die Klinge so auffällig scharf ist. Wir hoffen, noch herauszufinden, welche Bedeutung sie für den Fall hat, weshalb wir sie vorläufig beschlagnahmt haben.«

»Ich danke Ihnen. Offensichtlich gibt es noch eine ganze Anzahl unbeantworteter Fragen. Was ist mit Fingerabdrücken am Tatort?«

»Wir haben an drei Stellen Fingerabdrücke des Mörders sichergestellt. Einmal in dem Wandschrank, in dem er sich unserer Meinung nach vor dem Mord versteckt hielt. Hier waren keine Blutspuren. Blutige Abdrücke befanden sich an der Innenseite des Ladens und an einem Stützpfeiler an der Südwestseite des größeren Zimmers. Letztere waren am deutlichsten, dennoch haben wir sie erst spät entdeckt. Wir hatten sie zunächst übersehen, weil das ganze Haus erst kürzlich rot gestrichen wurde.«

»Das bestätigt also definitiv, dass eine dritte Person, nämlich der Mörder, im Haus war? Es besteht keine Möglichkeit, dass das Paar Selbstmord begangen haben könnte?«

»Selbstmord?«, fragte Kommissar Isokawa verblüfft.

»Das ist nicht meine Überzeugung«, fügte der Polizeichef eilig hinzu. »Ich glaube nicht, dass jemand imstande ist, sein eigenes Herz zu durchbohren, die Waffe anschließend in den Schnee zu werfen und danach die Läden wieder zu verschließen.«

»Wer um alles in der Welt könnte etwas derart Unsinniges glauben? Allein der Tatort lässt nicht den geringsten Zweifel zu. Es kann kein Selbstmord gewesen sein. Zunächst ist da der Fundort der Mordwaffe. Und dann der Koto-Steg, er wurde eindeutig auf der Flucht weggeworfen, als es bereits aufgehört hatte zu schneien. Und selbst bei geöffnetem Laden wäre es unmöglich gewesen, das Schwert oder den Koto-Steg so aus dem Haus zu werfen, dass sie dort gelandet wären, wo sie entdeckt wurden. Wollen Sie mir sagen, dass jemand einen solchen Blödsinn glaubt?«

»Aber gewiss. Dieser Seno hofft doch immer, dass Fälle sich als Selbstmorde herausstellen, damit seine Versicherung nicht zahlen muss.«

»Ach, Versicherungsvertreter Seno mal wieder! Wie hoch war Kenzo denn versichert?«

»Fünfzigtausend Yen.«

»Fünfzigtausend?!«

Das Erstaunen des Kommissars war nicht übertrieben. In jenen Tagen waren fünfzigtausend Yen in einer ländlichen Region wie dieser eine enorme Summe.

»Und wann hat er die Versicherung abgeschlossen?«

»Vor fünf Jahren.«

»Vor fünf Jahren! Aber wieso sollte ein Mann ohne Frau und Kinder eine so hohe Lebensversicherung abschließen?«

»Die Sache ist die: Als Kenzos jüngerer Bruder Ryuji vor fünf Jahren heiratete, wurde das Anwesen unter den Brüdern aufgeteilt. Der dritte Bruder Saburo fand seinen Anteil zu klein und fühlte sich übergangen. Also beschloss Kenzo, ihn als Begünstigten seiner Lebensversicherung einzusetzen.«

»Saburo erhält also fünfzigtausend Yen!«

Kommissar Isokawa war plötzlich sehr aufgeregt.

Saburo hatte in der Nacht nach der Hochzeit seinen Großonkel nach K. begleitet und dort übernachtet. Damit hatte Saburo als Einziger ein wasserdichtes Alibi. Es gab den unwiderlegbaren Beweis, dass er nicht einmal in der Nähe des Tatorts gewesen war, doch vielleicht würde dieser Punkt sich noch als bedeutsam erweisen.

Kommissar Isokawa zwirbelte heftig seinen Schnurrbart.

8 Kosuke Kindaichi – Privatdetektiv

Es war der 27. November, also einen Tag nach dem gewaltsamen Tod Kenzo Ichiyanagis und seiner Braut.

Der junge Mann, der am Bahnhof N. der Hakubi-Linie ausstieg und die Straße in Richtung K. hinunterschlenderte, war Mitte zwanzig und von etwas schmächtiger Statur. Kimono und Haori waren aus traditionellem Kasuristoff, aber völlig zerknittert, und seine Beinkleider, ein Hakama mit feinen Streifen, waren ausgebeult. Seine Tabi waren so durchgescheuert, dass man die Zehen sah, seine Geta abgelaufen, und sein Hut hatte gänzlich die Fasson verloren. Der Mann hatte eine blasse Gesichtsfarbe und sah insgesamt ziemlich vernachlässigt aus. Mit anderen Worten, für einen Mann seines Alters achtete er ausgesprochen wenig auf seine Erscheinung.

Dieser junge Mann überquerte nun den Fluss T. und näherte sich dem Städtchen K. Seine linke Hand steckte in der Tasche, in der rechten hielt er einen Spazierstock. Unter seiner Jacke trug er anscheinend eine Menge Zeitschriften, Notizhefte oder Ähnliches.

In jenen Tagen wimmelte es in Tokio von diesem Typ junger Männer. Man fand sie in den Pensionen um die Waseda-Universität oder in den Schreibstuben ärmerer Stadtteile, wo sie für einen Hungerlohn Theaterkritiken verfassten. Bei unserem Mann handelte es sich um jenen Kosuke Kindaichi, den Ginzo Kubo telegraphisch herbeizitiert hatte.

Als ich mich im Dorf umhörte, war er allen, die sich noch an die damaligen Ereignisse erinnerten, unverändert ein Rätsel.

»Wie konnte diesem schmuddeligen Lausebengel etwas gelingen, zu dem der Kommissar nicht imstande war? Die Typen aus Tokio sind tatsächlich ein anderes Kaliber. Jedenfalls hat er einen beachtlichen Ruf ...«

Ich erfuhr also, welch entscheidende Rolle der junge Kosuke Kindaichi bei der Aufklärung des Honjin-Mordfalls gespielt hatte. Ich setzte die verschiedenen Aussagen der Dörfler zusammen, und es ergab sich das Bild eines jungen Mannes mit lässigem Auftreten, der etwas von Antony Gillingham an sich hatte. Doch lassen Sie sich nicht von diesem fremdländisch klingenden Namen verwirren, verehrte Leser und Leserinnen. Tony Gillingham ist ein Amateurdetektiv in dem Kriminalroman *Das Geheimnis des roten Hauses* von meinem britischen Lieblingsautor A. A. Milne und wird zu Beginn der Geschichte recht ausführlich geschildert.

Ich werde also Herrn Milnes Beispiel folgen und Ihnen noch vor Kosuke Kindaichis eigentlichen Auftreten einen Einblick in dessen Persönlichkeit gewähren.

Der Familienname Kindaichi ist eher ungewöhnlich. Die meisten meiner Leser und Leserinnen denken dabei zweifellos sofort an den berühmten Ainu-Forscher Kyosuke Kindaichi. Ich glaube, Kindaichi, der Wissenschaftler, stammte aus Tohoku, also dem Nordosten Japans, oder vielleicht aus Hokkaido im hohen Norden. Kosuke Kindaichi kam irgendwo aus der gleichen Gegend und sprach einen starken regionalen Dialekt. Außerdem neigte er zum Stottern.

Im Alter von neunzehn Jahren hatte er die örtliche Schule abgeschlossen und sich mit ehrgeizigen Plänen auf den Weg nach Tokio gemacht. Er schrieb sich an einer Privatuniversität ein und faulenzte eine Zeit lang in einer Studentenbude in Kanda herum, bis er noch vor Ablauf eines Jahres beschloss, japanische Universitäten seien langweilig, und sich ohne ein bestimmtes Ziel vor Augen nach Amerika einschiffte. Anscheinend ergab sich dort auch nicht viel, so dass er von Ort zu Ort zog und sich als Tellerwäscher und dergleichen durchschlug. Aus Neugier experimentierte er mit Drogen und wurde mit der Zeit süchtig.

Wäre es mit ihm so weitergegangen, hätte er als einer dieser drogenabhängigen japanischen Immigranten geendet. Stattdessen geschah etwas ganz Erstaunliches. In der japanischen Gemeinde von San Francisco hatte ein seit Längerem ungelöster und ziemlich bizarrer Mord stattgefunden. Unser junger Kosuke Kindaichi stolperte zufällig über diesen Fall, und wundersamerweise gelang es ihm, ihn vollständig aufzuklären. Die Lösung basierte zudem nicht auf einem Bluff, sondern auf einem geradlinigen, gut durchdachten Ansatz, der die japanische Gemeinde in sprachloses Staunen versetzte. Und Kosuke Kindaichi, bislang nur ein drogenabhängiger Taugenichts, wurde alsbald zum gefeierten Helden.

Wie es der Zufall wollte, weilte Ginzo Kubo zu diesem Zeitpunkt gerade in San Francisco. Er hatte erste Erfolge mit seiner

Obstplantage in der Präfektur Okayama zu verzeichnen und plante weitere Projekte. Vielleicht erinnern sich einige Leser und Leserinnen noch an die Tüten mit den Rosinen der Marke Sunkist, die es vor dem Zweiten Weltkrieg gab. Diese Trauben waren damals von japanischen Obstzüchtern in Kalifornien angebaut worden, und Ginzo hatte sich in den Kopf gesetzt, die gleiche Sorte Trauben auch in Japan einzuführen. So war er seit Längerem einmal wieder nach San Francisco gereist, um die dortigen Anbaumethoden kennenzulernen. Bei einer Zusammenkunft japanischer Einwanderer stellte man ihm Kosuke Kindaichi vor.

»Wie sieht es aus? Meinst du nicht, es ist an der Zeit, diesen Drogenquatsch zu lassen? Warum lernst du nicht lieber etwas Vernünftiges?«

»Daran habe ich auch schon gedacht. Letzten Endes bringen Drogen gar nichts.«

»Na also. Wenn es dir ernst ist, zahle ich dir ein Studium.«

»Wenn Sie das tun würden ...«

Sich wild den zerzausten Schopf kratzend, verbeugte Kosuke sich vor Ginzo.

Nicht lange danach kehrte Ginzo nach Japan zurück, während Kosuke noch drei Jahre in Amerika blieb und ein College absolvierte. Kaum war er wieder in Kobe gelandet, machte er sich auf den Weg nach Okayama, um seinen Wohltäter, den Mann, den er inzwischen liebevoll »Onkel« nannte, aufzusuchen.

»Also«, fragte Ginzo, »was hast du jetzt vor?«

»Ich habe beschlossen, Privatdetektiv zu werden.«

»Privatdetektiv?!«

Ginzo starrte ihn einen Moment lang entgeistert an, erinnerte sich jedoch sogleich an den Mordfall von vor drei Jahren. Warum eigentlich nicht? Der Junge war sowieso nicht der Typ für einen respektablen Beruf.

»Ich weiß eigentlich nichts über diese Tätigkeit, aber ich nehme an, ein Privatdetektiv läuft wie in diesen Filmen mit einer Lupe und einem Maßband herum.«

»Nein, ich habe nicht vor, so etwas zu benutzen.«

»Welche Hilfsmittel gedenkst du einzusetzen?«

»Das hier.« Kosuke tippte sich grinsend an den wie üblich völlig zerzausten Kopf.

Ginzo nickte anerkennend.

»Aber bei allem Verstand, auf den du dich stützen kannst, brauchst du trotzdem ein wenig Startkapital.«

»Stimmt. Ich brauche ungefähr dreitausend Yen für die Einrichtung meines Büros und meinen Lebensunterhalt. Ich glaube nicht, dass mir die Klienten die Bude einrennen, sobald ich mein Schild aufhänge.«

Ginzo stellte ihm einen Scheck über fünftausend Yen aus. Kosuke nahm ihn, nickte zum Dank und fuhr ohne ein weiteres Wort nach Tokio. Bald darauf hatte er sich in seinem außergewöhnlichen Gewerbe eingerichtet.

Wie erwartet, florierte Kosuke Kindaichis Unternehmen nicht sofort. Seinen Briefen an Ginzo zufolge herrschte im Detektivbüro gähnende Leere, während sein Inhaber das Gähnen kaum unterdrücken konnte und Kriminalromane las, um sich die Zeit zu vertreiben. Oft fiel es Ginzo schwer zu entscheiden, ob diese Berichte ernst gemeint waren oder Kosuke sich lustig machte.

Doch etwa ein halbes Jahr nach der Eröffnung der Detektei änderte sich der Ton von Kosukes Briefen. Und dann, eines Tages, aus heiterem Himmel, entdeckte Ginzo ein großes Foto von Kosuke in der Morgenzeitung. Sofort fragte er sich, was sein Schützling nun wieder angestellt hatte, erfuhr jedoch bei der Lektüre des Artikels, dass es dem Privatdetektiv Kosuke Kindaichi gelungen sei, ein kompliziertes Verbrechen aufzuklären, das in Japan in aller Munde gewesen war, und er nun in der Zeitung für seine Verdienste um die Nation geehrt wurde. Man hatte sogar ein Zitat des erfolgreichen Detektivs abgedruckt.

»Die Polizei sucht nach Fuß- und Fingerabdrücken. Ich kategorisiere und kombiniere ihre Ergebnisse, bis ich zu einer Schlussfolgerung gelange. Das ist meine Methode als Detektiv.«

Ginzo erinnerte sich, dass Kosuke damals erklärt hatte, statt Lupe und Maßband seinen Verstand benutzen zu wollen, und musste lächeln.

Als sich der Mord auf dem Anwesen der Familie Ichiyanagi ereignete, war Kosuke gerade zufällig bei seinem Onkel Ginzo zu Besuch. Kurz davor hatte Kosuke in Osaka ein schweres Verbrechen unerwartet schnell aufgeklärt und beschlossen, von dort nach Okayama weiterzureisen, um Ginzo endlich einmal wiederzusehen. Nachdem Ginzo mit seiner Nichte Katsuko zu deren Hochzeit abgereist war, wollte er sich eigentlich die paar Tage bis zur Rückkehr des Onkels ausruhen, hatte sich jedoch auf dessen Telegramm hin umgehend auf den Weg gemacht.

Von Ginzos Plantage in Okayama bis zum Anwesen der Ichiyanagis waren es weniger als vierzig Kilometer, aber es war ungeheuer umständlich, mit der Bahn dorthin zu kommen. Kosuke musste über die Tamashima-Straße zur San'yo-Eisenbahn gelangen und dann in Kurashiki in die Hakubi-Linie steigen, um zum Bahnhof N. zu fahren. Von dort musste er zu Fuß wieder in die gleiche Richtung gehen, aus der er gekommen war. Diesen Weg hatten auch Ginzo und Katsuko am Tag der Hochzeit genommen. Kosuke hatte gerade den T. überquert und näherte sich der Hauptverkehrsstraße von K., als er großen Lärm vernahm. Leute schrien und schimpften. Er rannte um die nächste Kurve, um zu sehen, was der Grund für den Tumult war. Es musste etwas passiert sein.

Tatsächlich war der Linienbus an der Kreuzung gegen einen Telegraphenmast gefahren, und eine Menschenmenge hatte sich dort versammelt. Als Kosuke näher kam, wurden bereits verletzte Fahrgäste aus dem Bus geborgen. Soweit er erfahren konnte, war der Fahrer einem Ochsenkarren ausgewichen und gegen den Mast geprallt.

Kosuke hatte den Bus gesehen, als er am Bahnhof N. ausgestiegen war. Etwa die Hälfte der Fahrgäste war mit demselben Zug gekommen wie er. Hätte er den Bus genommen, wäre ihm das Gleiche widerfahren wie seinen Mitreisenden. Er hatte Glück gehabt. Als er schon weitergehen wollte, fiel ihm eine Frau ins Auge, die gerade aus dem Bus getragen wurde. Er erinnerte sich, sie schon einmal gesehen zu haben.

Die Frau war in Kurashiki in dieselbe Bahn gestiegen wie er, war aber aus der entgegengesetzten Richtung gekommen. Sie hatte ihm gegenübergesessen und ängstlich und nervös gewirkt. Auf ihrem Schoß stapelten sich mehrere Lokalzeitungen, die sie wohl unterwegs gekauft hatte und nun aufmerksam las. Kosuke bemerkte, dass sie sich vor allem für die Berichte über die Morde auf dem Anwesen der Familie Ichiyanagi interessierte, und sah sie sich genauer an. Er schätzte sie auf sieben- oder achtundzwanzig. Sie trug einen schlichten Kimono aus robustem Stoff und einen violetten Hakama. Ihr Haar war zu einem traditionellen Knoten aufgesteckt, aber furchtbar durcheinander, sie schielte und war überhaupt weit entfernt von dem, was Kosuke als schön bezeichnet hätte. Dennoch hatte sie eine intelligente Ausstrahlung, die sie davor bewahrte, unansehnlich zu wirken. Vermutlich arbeitete sie als Lehrerin an einer Mädchenschule.

Kosuke fiel ein, dass Katsuko, die Braut, ebenfalls Lehrerin an einer Mädchenschule gewesen war. Vielleicht stand diese Frau in irgendeiner Beziehung zu ihr? Wenn er sie ansprechen würde, käme er vielleicht an Informationen, die ihm bei der Aufklärung des Falls dienlich sein konnten. Allerdings verhielt sie sich so abweisend, dass der Zug am Bahnhof N. ankam, ohne dass er sie in ein Gespräch verwickeln konnte. Diese Gelegenheit hatte er verpasst.

Diese Frau wurde nun aus dem verunglückten Fahrzeug getragen. Zudem schien sie schwerer verletzt zu sein als alle anderen. Sie war bewusstlos und so bleich, dass Kosuke einen Moment lang überlegte, ob er sie ins Krankenhaus begleiten sollte, doch da hörte er zufällig etwas, das ihn veranlasste, es sich anders zu überlegen. Er blieb stehen.

»Es heißt, der Mann mit den drei Fingern ist gestern Abend wieder am Haus der Ichiyanagis aufgetaucht«, flüsterte jemand.

»Habe ich auch gehört. Deshalb ist seit heute Morgen so viel Polizei unterwegs. Die haben die ganze Gegend abgesperrt, also pass bloß auf. Herumtreiber und zwielichtige Gestalten werden sofort verhaftet.«

»Red keinen Quatsch. Ich habe ja noch alle fünf Finger an jeder Hand. Wo der sich wohl versteckt hält?«

»Bestimmt kampiert er irgendwo in den Hügeln zwischen hier und H. Sie haben eine Gruppe junger Männer zusammengetrommelt, die Jagd auf ihn machen soll. Ziemlich schlimm das Ganze.«

»Es ist, als ob ein Fluch auf dieser Familie liegt. Denk daran, wie Sakue aus der vorherigen Generation zu Tode kam, und auch Ryosukes Vater, das alte Oberhaupt der Zweigfamilie, hat in Hiroshima Seppuku begangen, weißt du noch?«

»Stimmt. Heute Morgen stand etwas in der Zeitung darüber. Ein blutiger Fluch laste auf dem ganzen Clan oder so … Es ist, als hätte von Anfang an ein Schatten auf dieser Familie gelegen.«

Tatsächlich hatte an diesem Morgen etwas über den »blutigen Fluch des Hauses Ichiyanagi« in der Lokalzeitung gestanden, weshalb Kosuke bereits darüber Bescheid wusste.

Sakue, der Vater von Kenzo und den anderen Ichiyanagi-Geschwistern, war vor etwa fünfzehn Jahren kurz nach Suzukos Geburt gestorben, jedoch keines natürlichen Todes. Sakue war ein großmütiger, verständnisvoller, aber auch sehr jähzorniger Mann gewesen, und seine Wutausbrüche waren berüchtigt. Seit Langem lag er mit jemandem aus dem Dorf im Streit um ein Stück Ackerland, bis er eines Nachts seinen Gegner mit dem Schwert angriff und tötete. Sakue selbst wurde bei dem Kampf so schwer verletzt, dass er noch in derselben Nacht zu Hause starb.

Die Alten im Dorf brachten den früheren Schicksalsschlag mit dem aktuellen Mordfall in Verbindung und behaupteten sogar, dass Kenzo und Katsuko mit dem verfluchten Muramasa-Schwert ermordet worden seien, mit dem Sakue in jener Nacht seinen Gegner getötet hatte. Der Fluch des Muramasa-Katana liege über der ganzen Familie Ichiyanagi, verkündeten sie unheilvoll, doch in Wirklichkeit war an dieser Geschichte überhaupt nichts dran. Das Katana, das Sakue damals benutzt hatte, war gar kein Muramasa-Schwert gewesen und außerdem nach dem Vorfall dem Familientempel übergeben worden. Laut Polizeiakte hatte der Mörder von Kenzo und Katsuko eindeutig ein Sadamune benutzt. Allerdings war es kein Wunder, dass die Presse sich reißerischer Ausdrücke wie »verfluchtes Blut« bediente, denn Sakues jüngerer Bruder Hayato, Oberhaupt der Zweigfamilie und Vater von Ryosuke, war ebenfalls eines frühen und gewaltsamen Todes durch das Schwert gestorben.

Hayato hatte sich dereinst freiwillig zum Militärdienst gemeldet und während des Russisch-Japanischen Krieges als Hauptmann in Hiroshima gedient. Er war für eine Unregelmäßigkeit in seiner Abteilung verantwortlich und beging daraufhin Seppuku, tötete sich also rituell mit dem Schwert. Damals bewunderte man diese Art von Pflichtgefühl und Selbstaufgabe, dennoch fand man Hayatos Freitod ein wenig übertrieben. Dass etwas so verhältnismäßig Belangloses ihn dazu getrieben hatte, wurde als Überspanntheit, ja sogar neurotisches Verhalten gewertet. Letztendlich sah man die wahre Ursache für seinen Selbstmord in einer gewissen Charakterschwäche. Insgesamt lässt sich also sagen, dass die Familie Ichiyanagi seit Generationen von eigensinnigen, ungestümen Männern ohne jede Duldsamkeit regiert wurde.

Neu war für Kosuke Kindaichi hingegen, dass der Mann mit den drei Fingern wieder auf dem Anwesen der Ichiyanagis aufgetaucht war. Er durfte sich nicht länger in K. aufhalten, sondern musste herausfinden, was passiert war. Also entschied er sich, die Verletzte zurückzulassen, nicht jedoch, ohne sich zu vergewissern, dass man sie ins örtliche Kiuchi-Hospital gebracht hatte. Anschließend machte er sich schnellstmöglich auf den Weg zum Anwesen der Ichiyanagis.

9 Das Katzengrab

Es war kurz vor Mittag, als Kosuke Kindaichi auf dem Anwesen in Yamanoya eintraf. Um das Haus herum herrschte rege Betriebsamkeit, und überall wimmelte es von Polizisten auf Fahrrädern. Alles wies darauf hin, dass es einen Zwischenfall gegeben hatte.

Bei Kosukes Ankunft war die Familie wie üblich im Wohnzimmer versammelt, und Ginzo saß stumm in seiner gewohnten Ecke. Als er Kosukes Namen hörte, lebte er sofort auf und eilte zur Eingangstür, um seinen Freund zu begrüßen.

»Ah, wie schön, dich zu sehen. Danke, dass du gekommen bist«, rief er mit angesichts der Umstände beinahe unziemlicher Freude.

»Onkel, es tut mir so leid …«

»Davon sprechen wir später. Komm, ich stelle dich vor.«

Ginzo hatte Kosukes Ankunft am Abend zuvor angekündigt, so dass die versammelten Familienmitglieder mit einer gewissen Neugier darauf warteten, wer da erscheinen würde.

Wer jedoch eintrat, war ein schmuddeliger Jüngling, kaum älter als Saburo, mit Haaren wie ein Vogelnest. Es herrschte allgemeine Verblüffung. Suzuko kniff die Augen zusammen.

»Was? Du sollst dieser berühmte Detektiv sein?«, fragte sie in aller Unschuld.

Itoko, Saburo und Ryosuke wirkten fassungslos und starrten Kosuke ungläubig an. Allein Ryuji bedankte sich höflich bei ihm, dass er den langen Weg auf sich genommen habe.

Nachdem Ginzo sie einander vorgestellt hatte, führte er Kosuke in sein Zimmer und bemühte sich, ihm so genau wie möglich zu schildern, was seit vorletzter Nacht geschehen war. Kosuke kannte einige Einzelheiten bereits aus der Zeitung, vieles hörte er allerdings zum ersten Mal.

»Momentan hält man diesen mysteriösen Mann mit den drei Fingern für den Mörder«, erklärte Ginzo zum Schluss. »Aber da ist so einiges, das mir ungereimt erscheint. Zunächst einmal ist Ryuji am Morgen nach den Morden unerwartet schnell hier gewesen. Er ist mit Saburo eingetroffen und behauptete, er käme gerade aus Kyushu. Aber ich könnte schwören, er saß am Tag der Hochzeit im selben Zug wie Katsuko und ich.«

Kosuke stieß einen leisen Pfiff aus.

»Er verheimlicht also, dass er zum Zeitpunkt des Mordes in der Gegend war.«

»Genau. Er weiß nicht, dass ich ihn im Zug gesehen habe, aber ich bin mir sicher, dass er in der Nacht vom 25. auf den 26. irgendwo in der Nähe war. Was ich nicht weiß, ist, warum er lügt. Wenn er am Abend des 25. in der Gegend war, warum ist er dann nicht zur Hochzeit seines Bruders gekommen? Das kann ich mir nicht erklären.«

Ginzo warf einen grimmigen Blick in Richtung des Wohnzimmers.

»Aber es ist nicht nur dieser Ryuji!«, schnaubte er. »Die ganze Familie benimmt sich seltsam. Ich werde das Gefühl nicht los, dass sie etwas verheimlichen. Entweder sie decken sich alle gegenseitig, oder sie verdächtigen sich alle gegenseitig. Ich wittere es. Hier stinkt etwas ganz gewaltig.«

Ginzo sprach für seine Verhältnisse sehr leidenschaftlich, und Kosuke ließ sich keins seiner Worte entgehen.

Dann fiel ihm etwas ein. »Übrigens habe ich unterwegs gehört, der Mann mit den drei Fingern sei gestern Abend noch einmal aufgetaucht. Stimmt das? Hat sich sonst noch etwas Ungewöhnliches ereignet?«

»Ja. Seltsamerweise war es Suzuko, die ihn gesehen hat. Sie ist die einzige Zeugin.«

»Was meinst du, Onkel?«

»Nun, Suzuko ist, wie sie ist. Ich bin natürlich nicht sicher, aber vielleicht ist sie Schlafwandlerin.«

»Schlafwandlerin?« Kosuke horchte auf.

»Warum sollte sie sonst mitten in der Nacht aufstehen, um das Grab ihrer Katze zu besuchen?«

»Das Grab ihrer Katze?« Kosuke war vollends begeistert. Er lachte auf.

»Das ist ja eine tolle Geschichte, Onkel. Eine Schlafwandlerin und ein Katzengrab, jetzt fehlen nur noch die Geister. Erzähl weiter.«

»Nein, entschuldige, ich habe mich falsch ausgedrückt. Eigentlich ist Folgendes passiert …«

Ginzo berichtete Kosuke, dass die Bewohner des Anwesens in der vergangenen Nacht – besser gesagt in den frühen Morgenstunden – abermals von einem Schrei geweckt worden waren. Nach den Ereignissen in der Nacht zuvor war Ginzo sofort aus dem Bett gesprungen und hatte seine Läden aufgerissen. Als vom Nebengebäude eine Gestalt in seine Richtung gestolpert kam, war er barfuß in den Garten gerannt, um Suzuko, die ihm halb ohnmächtig in die Arme fiel, noch rechtzeitig aufzufangen. Sie trug ein Flanellnachthemd, war totenblass und zitterte. Ihre Füße waren nackt.

»Suzuko, was ist? Was machst du hier draußen?«

»Onkel, er war da! Er war da! Ein Geist. Ein Geist mit drei Fingern!«

»Ein Geist mit drei Fingern?«

»Ja, ich habe ihn gesehen. Ich habe solche Angst, Onkel. Er ist da drüben bei Tamas Grab.«

In dem Moment kamen Ryuji und Ryosuke herbeigerannt, und gleich darauf tauchte auch Saburo auf.

»Suzuko, was hast du um diese Zeit hier draußen zu suchen?«, fragte Ryuji scharf.

»Aber, aber … ich … ich wollte Tamas Grab besuchen. Und dann … dann kam plötzlich dieser Geist mit den drei Fingern …«

Jetzt erschien aus der Richtung, aus der Suzuko gekommen war, angstvoll den Namen ihrer Tochter rufend, die Witwe Itoko. Suzuko brach in Tränen aus und rannte zu ihr. Die Männer blickten sich ratlos an.

»Lasst uns nachsehen«, sagte Ginzo und ging voran.

»Ich … ich hole eine Laterne.« Saburo machte kehrt und kam kurz darauf mit einer Laterne in der Hand nach.

Auf der Nordostseite des Anwesens erstreckte sich vom Zaun, der das Nebengebäude vom Haupthaus trennte, bis zur Grundstücksgrenze ein dichter Hain aus hohen Keyakibäumen und Eichen. Der Boden war mit Laub bedeckt. Inmitten der Blätter erhob sich ein kleiner Grabhügel mit einer Holztafel. Darauf stand in mutmaßlich Saburos ungelenker Schrift »Tamas Grab«. Daneben steckten ein paar weiße Chrysanthemen in der Erde. Die Männer suchten den Hain gründlich ab, entdeckten aber nichts Verdächtiges. Sie leuchteten den Boden mit Saburos Laterne ab, aber das Laub lag so hoch, dass man ohnehin keine Fußspuren hätte erkennen können. Schließlich teilten sie sich auf und durchforsteten das gesamte Gelände, stießen aber nirgendwo auf etwas Ungewöhnliches.

»Daraufhin gingen wir alle zurück ins Wohnzimmer, um Suzuko zu befragen. Aber das arme Mädchen redete nur unzusammenhängendes Zeug. Sie behauptete, sie sei draußen gewesen, um ihrer Katze die letzte Ehre zu erweisen. Allerdings finde ich es ziemlich abwegig, dass sie deshalb mitten in der Nacht im Dunkeln herumirrte. Daher meine Annahme, dass das arme Ding schlafwandelt. Vielleicht hat sie durch den traurigen und unerwarteten Tod ihres Kätzchens einen Schock erlitten, der sie dazu trieb, im Schlaf nach draußen zu gehen und das Grab zu besuchen. Als sie diesem zwielichtigen Kerl begegnete, ist sie vor Schreck aufgewacht. Ich glaube, sie befand sich in einem Zustand zwischen Traum und Wirklichkeit, als sie, wie sie sagte, einen unheimlichen Mann am Grab der Katze hocken sah. Sein Gesicht war vielleicht größtenteils durch die Maske verdeckt, was für sie aussah, als hätte er dort eine klaffende Wunde. Suzuko schrie und wollte weglaufen, worauf der Mann die rechte Hand ausstreckte, an der er nur drei Finger hatte … Zumindest behauptet Suzuko das. Ich habe dir ja schon erzählt, dass die Kleine ein bisschen einfach im Kopf und zurückgeblieben ist. Deshalb ist ihre Darstellung vielleicht nicht ganz zuverlässig, trotzdem ist Suzuko die Einzige in der ganzen Familie, der ich vertraue. Zumindest würde sie nie absichtlich lügen. Wenn sie also sagt, sie hat einen Mann gesehen, dann hat sie ihn wirklich gesehen. Außerdem gibt es Beweise dafür, dass der Mann mit den drei Fingern gestern Abend in der Nähe war.«

»Beweise? Darf ich fragen, welche?«

»Nach Sonnenaufgang haben wir uns noch einmal an dem Grab der Katze umgesehen, in der Hoffnung, vielleicht doch ein paar Fußspuren zu finden, was sich wegen des hohen Laubs erneut als unmöglich erwies. Aber wir fanden etwas anderes, viel Nützlicheres, nämlich Fingerabdrücke. Spuren von drei Fingern, um genau zu sein.«

»Und wo waren die?«

»Auf der Grabtafel. Die Abdrücke von drei schlammverschmierten Fingern, ganz deutlich zu sehen.«

Kosuke spitzte die Lippen und stieß wieder einen leisen Pfiff aus.

»Und diese Abdrücke stammen von dem Mann mit den drei Fingern?«

»Richtig. Heute Morgen war ein Polizeibeamter hier und hat bestätigt, dass sie mit allen zuvor gefundenen Abdrücken übereinstimmen. Es besteht also absolut kein Zweifel daran, dass das Scheusal mit den drei Fingern sich letzte Nacht noch einmal auf dem Anwesen herumgetrieben hat.«

Ginzo sah Kosuke trotzig an, aber in seinem Blick lag doch ein gewisser Zweifel.

»Wie lange besteht dieses Katzengrab eigentlich schon?«

»Anscheinend seit gestern Abend. Die Überreste der Katze wurden ursprünglich vorgestern, am Morgen des 25., also am Tag der Hochzeit, dort begraben, aber es war keine Zeit, eine Tafel anzubringen. Daher hat Suzuko gestern Saburo darum gebeten, eine anzufertigen. Soweit ich weiß, sind Suzuko und das Dienstmädchen Kiyo gestern Abend hinausgegangen, um sie aufzustellen. Kiyo schwört, dass zu dem Zeitpunkt keine Abdrücke auf der Tafel waren. Die Tafel ist aus einfachem, unbehandeltem Holz, so dass sie ihnen auf jeden Fall sofort aufgefallen wären.«

»Der Mann mit den drei Fingern war also letzte Nacht wieder hier. Aber warum ist er zurückgekommen? Und vor allem, warum hat er die Tafel auf dem Katzengrab angefasst?«

»Nach Saburos Theorie hat der Mörder etwas verloren und ist zurückgekommen, um es zu suchen. Außerdem hat laut Suzuko jemand in der Erde gegraben. Der Grabhügel hätte eine andere Form gehabt als vorher. Also hat die Polizei das Grab geöffnet …«

»Und wurde etwas gefunden?«

»Nein, nichts. Nur der selbst gemachte Sarg mit den Überresten der Katze … Ansonsten nichts Ungewöhnliches.«

»Die Katze wurde vorgestern Morgen begraben, ja?«

»Genau. Und an dem Abend fand die Hochzeit statt. Suzukos Mutter und ihr Bruder hatten am Nachmittag mit ihr geschimpft. Es bringe Unglück, eine tote Katze herumliegen zu lassen, worauf Suzuko erklärte, sie habe sie bereits am frühen Morgen vergraben. Ich war dabei, und wie gesagt, glaube ich dem Mädchen jedes Wort.«

Anscheinend untersuchte Kosuke gleich nach diesem Gespräch das fragliche Gelände hinter dem Nebengebäude.

Man fragt sich natürlich, warum in einem so bedeutenden Mordfall jemand, der nicht zur Polizei gehörte, die Erlaubnis bekam, sich so genau am Tatort umzusehen, aber offenbar hatte Kosuke Kindaichi sie erlangt. Die Familie Ichiyanagi und besonders die Dorfbewohner waren einigermaßen verwundert über diesen Umstand. Ein alter Mann, mit dem ich darüber sprach, schilderte mir die Situation wie folgt:

»Dieser junge Mann flüsterte dem Kommissar etwas zu, und dieser sah sofort beeindruckt aus. Anschließend überboten die Beamten sich darin, ihm dienstbar zur Seite zu stehen. Er war damals schon berühmt und hochgeschätzt.«

Danach genoss Kosuke Kindaichi bei den Dorfbewohnern fast mythischen Status. Doch dass man ihm derart freien Zugang zum Tatort gewährte, lag Herrn F. zufolge vor allem daran, dass er die Empfehlung eines hochrangigen Ministeriumsbeamten bei sich trug.

»Bevor Kosuke Kindaichi in unser Dorf kam, war er wegen irgendwelcher Ermittlungen in Osaka gewesen. Es war offenbar eine große Sache, und ein Beamter des Innenministeriums hatte ihm eine Art Ausweis ausgestellt. Und offizielle Papiere haben in der Regel stärkere Wirkung als jedes Amulett. Jedenfalls behandelten der Polizeichef und die verantwortlichen Beamten ihn mit großer Ehrfurcht.«

Ich vermute hingegen, dass Polizei und Behörden ihm nicht nur wegen seines Ministeriumsschreibens so viel Sympathie entgegenbrachten. Die Menschen waren, wie ich aus verschiedenen Quellen gehört habe, von seiner lässigen Art und ungekünstelten stockenden Redeweise sehr angetan. Außerdem war Kosuke ein hilfsbereiter junger Mann, der, kaum bat man ihn um etwas, sofort mit anpackte.

Auch der zuständige Kommissar Isokawa erlag sogleich Kosuke Kindaichis eigentümlichem Charme. Nachdem der Kommissar am Vormittag den jungen Männern aus dem Dorf erklärt hatte, wonach sie Ausschau halten sollten, kehrte er gegen Mittag zum Anwesen zurück, wo man ihm Kosuke vorstellte. Er war sogleich derart angetan von der Persönlichkeit des jungen Mannes, dass er ihn in alles einweihte, was er bisher herausgefunden hatte, und den Fall ausführlich mit ihm besprach. Kosuke interessierte sich besonders für das Foto des Mannes mit den drei Fingern aus Kenzos Album und die verbrannten Tagebuchseiten, die man im Ofen gefunden hatte. Während er dem Kommissar zuhörte, grinste er vor Vergnügen von einem Ohr zum anderen und vergrub eine Hand in seinem wirren Haarschopf, um sich am Kopf zu kratzen, wie er es immer tat, wenn er aufgeregt und begeistert war.

»D-das Foto und die verbrannten Seiten, wo sind die jetzt?«

»Auf dem Polizeirevier in S. Wenn Sie einen Blick darauf werfen möchten, kann ich für Sie danach schicken.«

»D-das wäre großartig. Sind die anderen Fotoalben und Tagebücher noch im Studierzimmer?«

»Ja, ich kann sie Ihnen zeigen, wenn Sie möchten.«

»J-Ja. Wenn ich darum bitten dürfte …«

Der Kommissar führte Kosuke in Kenzos Studierzimmer, woraufhin der junge Detektiv wahllos Kenzos Alben und Tagebücher herauszog und darin blätterte, anschließend jedoch jedes Buch sorgfältig wieder an seinen ursprünglichen Platz im Regal stellte.

»Ich werde sie mir später noch genauer ansehen«, sagte er. »Könnten Sie mich jetzt zum Tatort bringen?«

Die beiden Männer wollten das Studierzimmer gerade verlassen, als Kosuke abrupt in der Tür stehen blieb.

»Herr Kommissar?«

Kosuke Kindaichi drehte sich mit völlig verblüffter Miene zu Kommissar Isokawa um.

»Warum haben Sie mir das nicht gesagt, Herr Kommissar?«

»Äh, was nicht gesagt?«

»Sehen Sie doch nur! Sämtliche Bücher in dem Regal da drüben sind Kriminalromane!«

»Kriminalromane? … Nun ja, da haben Sie recht. Aber was haben Kriminalromane mit unserem Fall zu tun?«

Ohne eine Antwort schritt Kosuke schnurstracks auf das besagte Bücherregal zu, wo er die Kriminalromane aufmerksam in Augenschein nahm. Er schnaufte sogar ein bisschen.

Kosukes Erstaunen war durchaus verständlich. Die Sammlung umfasste wohl die meisten je in Japan und im Ausland erschienenen Kriminalromane, darunter das Gesamtwerk von

Arthur Conan Doyle, die Lupin-Serie von Maurice Leblanc sowie jedes Werk, das die Verlage Hakubunkan und Heibonsha jemals in Übersetzung herausgebracht hatten. Es war vollgestopft mit alten Romanen, angefangen von Ruiko Kuroiwa über Edogawa Rampo, Fuboku Kozakai, Saburo Koga, Udaru Oshita, Takataro Kigi, Juza Unno bis Mushitaro Oguri – kein berühmter japanischer Kriminalautor fehlte.

Neben japanischen Übersetzungen westlicher Romane standen dort auch Originalwerke von Ellery Queen, John Dickson Carr, Freeman Wills Crofts, Agatha Christie und so fort. Hier eröffnete sich der Blick auf eine wahrhaftig großartig zu nennende Bibliothek der Kriminalliteratur.

»W-wem gehört diese Sammlung?«

»Saburo Ichiyanagi. Er ist ein eifriger Leser, wie man hört.«

»Saburo? Saburo? … Ah, Saburo ist der, von dem Sie sagten, dass er der Begünstigte von K-Kenzos Lebensversicherung sei. Außerdem ist er derjenige mit dem besten Alibi.«

An dieser Stelle begann Kosuke sich wie wild den zottligen Kopf zu kratzen.

10 Ein Gespräch über Kriminal-literatur

Später, als der Fall längst abgeschlossen war, gab Kosuke Kindaichi mit Vorliebe seine Erinnerungen an diese Zeit zum Besten.

»Um die Wahrheit zu sagen, hatte ich anfangs kein großes Interesse an diesem Fall. In den Zeitungen ging es vor allem um den verdächtigen Mann mit den drei Fingern. Natürlich gaben die Morde noch einige zusätzliche Rätsel auf, die aber wie bloße Zufälle erschienen und offenbar nichts mit dem eigentlichen Kern des Verbrechens zu tun hatten. Ließ man das ganze zufällige Drumherum beiseite, blieb nur ein Dummkopf mit drei Fingern übrig, der im Vorübergehen eine Gewalttat begangen hatte – gewöhnlicher und langweiliger geht es nicht. Zumindest waren das meine Gedanken, als ich das Anwesen der Familie Ichiyanagi zum ersten Mal betrat. Bei der Aufklärung des Verbrechens helfen wollte ich nur, weil ich es meinem Wohltäter schuldig war, aber im Grunde meines Herzens hoffte ich, diesen langweiligen Fall schnellstmöglich hinter mich zu bringen. Interessant wurde es für mich erst, als ich Saburos Bücherregale mit all diesen ausländischen und japanischen Kriminalromanen entdeckte. Bei dem Honjin-Mord handelte es sich im Wesentlichen um einen sogenannten *Locked Room Murder*.

Und unter den Werken in Saburos Bibliothek befanden sich jede Menge Romane, die von Morden in verschlossenen Räumen handelten. Konnte das reiner Zufall sein? Unwahrscheinlich. Lag hier womöglich gar kein Gelegenheitsverbrechen vor, wie ich zunächst angenommen hatte, sondern ein minutiös geplanter Mord? Dessen Vorlage in einem dieser Romane zu finden war? Allein die Möglichkeit erfüllte mich mit einem unbeschreiblichen Glücksgefühl. Mit diesem Mord im verschlossenen Raum forderte uns jemand zu einem Kampf der Gehirne heraus. Großartig! Ich frohlockte. Diese Herausforderung würde ich annehmen. Auf in den Kampf!, dachte ich.«

Kommissar Isokawa fand Kosukes Aufregung allerdings ziemlich kindisch und albern.

»Was soll das? Das sind doch bloß Krimis. Wollten Sie sich nicht den Tatort ansehen? Wenn wir noch länger hier herumtrödeln, ist es dunkel.«

»Ja, stimmt.«

Erst die Mahnung des Kommissars schien Kosuke, der fünf oder sechs Bände aus dem Regal genommen hatte und gerade darin blätterte, wieder in die Gegenwart zu holen, so dass er die Bücher, wenn auch höchst widerwillig, zurückstellte. Der gute Isokawa konnte sich ein Lachen kaum verkneifen.

»Sie haben wohl eine große Vorliebe für Kriminalromane?«, fragte er.

»N-nein, eigentlich nicht. Sie können unsereinem eine Menge Hinweise liefern, das ist alles. Ich wollte sie mir nur kurz ansehen. Also bitte, führen Sie mich zum Tatort.«

Wie gesagt, durchkämmten die Kriminalbeamten und übrigen Polizisten gerade die Hügel, so dass der Tatort gänzlich verlassen lag. Der Kommissar musste das Siegel an der Eingangstür selbst aufbrechen, bevor er und Kosuke das Haus betreten konnten.

Sämtliche Läden waren geschlossen. Nur durch die Ranma und einige Ritzen fiel ein wenig Licht von draußen herein, und es war dämmrig. Bei Sonnenuntergang waren Temperatur und Stimmung in dem ungeheizten Gebäude gleichermaßen eisig. Schließlich war es Ende November.

»Sollen wir die Läden öffnen?«, fragte Isokawa.

»Nein, bitte lassen Sie sie vorerst geschlossen.«

Der Kommissar schaltete das Licht in dem größeren Tatamizimmer ein.

»Abgesehen von den Leichen haben wir alles exakt so gelassen, wie wir es vorgefunden haben. Der Wandschirm befand sich an ebendieser Stelle, und die Koto bildet quasi eine Brücke zwischen dem Pfeiler der Schmucknische und der einen Spalt geöffneten Shoji. Auf dieser Seite des Schirms lagen Braut und Bräutigam tot übereinander.«

Der Kommissar beschrieb ausführlich Lage und Zustand der beiden Leichen. Kosuke hörte unter zustimmendem Gemurmel und Nicken aufmerksam zu.

»Ich verstehe, der Bräutigam kam also mit dem Kopf auf die Beine der Braut zu liegen?«, fragte er.

»Richtig. Er fiel mit dem Gesicht nach oben, ihre Knie unter seinem Kopf. Ich kann Ihnen später die Fotos zeigen, wenn Sie möchten.«

»Ja, bitte, wenn Sie so freundlich wären.«

Kosuke nahm die drei blutigen Spuren der Koto-Plektren auf dem Wandschirm in Augenschein, die sich scharf von dem glänzenden Blattgold abhoben und in der Farbe überreifer Erdbeeren nachgedunkelt waren. Oberhalb der Spuren zog sich ein langer, leicht blutiger Kratzer über den Wandschirm, wo der Mörder ihn versehentlich mit der blutigen Schwertspitze gestreift haben musste.

Als Nächstes untersuchte er die Koto mit der gerissenen Saite. Das Blut auf den übrigen Saiten hatte sich ebenfalls rostbraun verfärbt.

»Und den fehlenden Steg haben Sie draußen in einem Laubhaufen gefunden?«

»Ja, genau. Daraus schließen wir, dass der Mörder auf der Westseite durch den Garten entkommen ist.«

Als Kosuke sich die zwölf verbliebenen Koto-Stege ansah, blickte er abrupt auf.

»K-K-Kommissar, k-k-kommen Sie, und sehen Sie sich das an.«

Kosuke stotterte plötzlich heftig, und Kommissar Isokawa stürzte an seine Seite.

»W-was ist?«

Kosuke lachte. »Das ist aber nicht nett von Ihnen, Herr Kommissar. Wie kommen Sie dazu, mich nachzuäffen?«

»Entschuldigen Sie, das war keine Absicht. Es muss irgendwie ansteckend sein. Also, was haben Sie entdeckt?«

»Schauen Sie mal, dieser Steg. Die anderen elf sind alle gleich. Sie haben eine Gravur, nämlich eine Ente auf einer Welle. Aber dieser hier ist nicht graviert, sondern glatt und unverziert. Das heißt, dieser Steg war ursprünglich nicht Teil der Mandarinenten-Koto.«

»Wirklich? Das ist mir gar nicht aufgefallen.«

»Wie sieht übrigens der Steg aus, den Sie im Laub gefunden haben? So wie die anderen hier?«

»Ja, auch er hat diese Gravur mit dem Vogel auf den Wellen. Meinen Sie, es hat etwas zu bedeuten, dass dieser Steg von einer anderen Koto stammt?«

»Ich vermute, ja, aber es muss auch nicht sein. Vielleicht ist einfach einer der ursprünglichen Stege verloren gegangen, und man hat ihn durch einen ersetzt, der gerade zur Hand war … Und wo ist jetzt der fragliche Wandschrank? Hier hinter der Tokonoma, ja?«

Isokawa machte mit Kosuke einen kurzen Rundgang zum Wandschrank und zum Toilettenbereich. Anschließend untersuchte Kosuke sorgfältig die blutigen Fingerabdrücke am Stützpfeiler im größeren Tatamizimmer und an der Innenseite des Ladens, die sich nur schwach von dem ockerroten Anstrich abhoben.

»Ich verstehe. Sie haben sie wegen der roten Farbe erst später entdeckt?«

»Ja, außerdem sind sie ausgerechnet auf dem Laden, den Ryosuke und der Diener gewaltsam geöffnet haben, so dass er im Ladenkasten gelandet ist und bei unserer Untersuchung zunächst nicht zu sehen war. Die Abdrücke haben wir erst gefunden, als wir ihn zuschoben.«

In diesem Laden klaffte das Loch, das der Diener Genshichi mit dem Beil hineingeschlagen hatte.

»Ich verstehe. Die Leute, die als Erste am Tatort waren, mussten genau diesen Laden aufschieben, um ins Haus zu gelangen, weshalb die Abdrücke anfangs verborgen waren.«

Kosuke löste die Verriegelung und schob den Laden zur Seite. Das Abendlicht flutete ins Zimmer, und die beiden Männer blinzelten.

»Nun, ich denke, das war's hier im Haus. Können Sie mir jetzt den Garten zeigen? Ah, Moment … Das ist sicher die Ranma, durch die Genshichi geschaut hat?«

Kosuke lief in Socken zu dem großen Steinwaschbecken im Garten, kletterte darauf und spähte auf Zehenspitzen ins Haus. Kommissar Isokawa holte ihre Schuhe aus der Diele, und sie machten sich auf den Weg durch den Garten. Isokawa zeigte Kosuke die Stelle am Fuß der Steinlaterne, an der das Schwert aufrecht im Schnee gesteckt hatte, und den Laubhaufen, unter dem der fehlende Koto-Steg gefunden worden war.

»Aha. Und nirgendwo gab es Fußspuren?«

»Ja, genau. Als ich ankam, hatten die Leute natürlich schon alles zertrampelt. Aber Ginzo Kubo schwört, die Schneedecke sei völlig unberührt gewesen, als sie die Leichen entdeckten.«

»Aha. Es gab also keine Fußspuren, die man hätte analysieren können, und die Beamten, die zuerst am Tatort eintrafen, konnten nach Herzenslust überall herumstapfen. Und das ist der Kampferbaum mit der Sichel …«

Kosuke huschte hierhin und dorthin und beäugte alles ganz genau.

»Aha, ja, hier ist kürzlich ein Gärtner gewesen. Sieht man, alles prima in Schuss.«

Die Kiefern am westlichen Zaun waren fachmännisch beschnitten, und einige der schweren unteren Äste wurden von Stützen aus jungem Bambus gehalten. Fünf oder sechs davon waren nagelneu. Isokawa musste unwillkürlich lachen, als Kosuke von einem Trittstein zum anderen sprang, um in die Bambusrohre zu spähen.

»Was machen Sie da? Glauben Sie, der Mörder hält sich in so einem Rohr versteckt?«, fragte der Kommissar spöttisch.

Kosuke kratzte sich vergnügt den Kopf.

»Genau, genau. Der Mörder könnte durch diesen Bambus entschlüpft sein. Jemand hat ihn so ausgehöhlt, dass man hindurchsehen kann.«

»Was sagen Sie da?«

»Wenn ein Gärtner solche Stützen anfertigt, macht er sich normalerweise nicht die Mühe, den Bambus auszuhöhlen. Gucken Sie mal. Dieser Ast hat zwei Stützen. An der Art, wie das Seil verknotet ist, können Sie erkennen, dass eine davon von einem professionellen Gärtner angebracht wurde. Aber ich wette, diese hier stammt von einem Laien.«

Erstaunt kam Isokawa näher und blickte in den Bambus.

»Sie haben recht. Dieses Rohr ist ganz und gar hohl. Was hat das zu bedeuten?«

»Tja, ich kann mir nicht vorstellen, dass die Sichel im Baumstamm und der ausgehöhlte Bambus nicht irgendwie zusammenhängen. Leider weiß ich noch nicht, wie … Oh! Guten Abend!«

Kommissar Isokawa drehte sich um. Mit wem sprach Kosuke da? Am Gartentor waren Ryuji und Saburo aufgetaucht, unmittelbar gefolgt von Ginzo.

»Dürfen wir eintreten?«

»Ja, sicher, immer herein. Sie haben doch nichts dagegen, Herr Kommissar?«

Bevor er ans Gartentor ging, um die drei Männer zu begrüßen, flüsterte er Isokawa noch rasch zu: »Ich glaube, wir erwähnen den hohlen Bambus vorläufig einmal nicht.«

Ryuji und Saburo sahen sich neugierig um. Ginzo folgte ihnen mit finsterer Miene.

»War jemand von Ihnen seit dem Vorfall noch einmal hier?«

»Nein«, erwiderte Ryuji. »Ich wollte der Polizei nicht in die Quere kommen. Saburo, du warst auch nicht mehr hier, oder?«

Saburo schüttelte den Kopf.

»Aber Ryosuke hat uns auf dem Laufenden gehalten. Wie sieht es aus? Haben Sie etwas Neues herausgefunden?«

»Nun, es ist ein ziemlich komplizierter Fall. Herr Kommissar, gestatten Sie?«

Kosuke ging auf demselben Weg zurück ins Haus, auf dem er herausgekommen war, nämlich über den Engawa und den offenen Laden auf der Westseite, und schob drei der Läden auf der Südseite auf.

»Nehmen Sie bitte hier draußen Platz. Setzt du dich bitte auch zu uns, Onkel?«

Ryuji und Ginzo setzten sich mit Kosuke auf den Engawa, aber Saburo blieb stehen und warf verstohlene Blicke ins Haus. Kommissar Isokawa behielt die Gruppe aus der Entfernung im Auge.

Kosuke lächelte breit.

»Nun, Saburo-san, was ist Ihre Ansicht? Haben Sie eine Theorie?«

»Ich?«

Saburo wandte sich vom Haus ab und sah den jungen Detektiv mit einer gewissen Panik im Blick an.

»Warum ausgerechnet ich?«

»Sie scheinen ein begeisterter Leser von Kriminalromanen zu sein. Ich bin überzeugt, Sie sind mit all Ihrer Kenntnis in der Lage, das Rätsel dieser Morde zu lösen.«

Saburo errötete, doch zugleich trat ein Anflug von Herablassung in seine Augen.

»Es gibt einen großen Unterschied zwischen Kriminalromanen und der Wirklichkeit«, begann er. »Dort ist der Täter immer eine der in der Geschichte auftretenden Figuren. Damit ist der Kreis der Verdächtigen sehr begrenzt. Doch im wirklichen Leben ist es nie so einfach.«

»Das ist ein gutes Argument. Aber ist in unserem speziellen Fall nicht der Mann mit den drei Fingern der einzige Verdächtige?«

»Ich habe keine Ahnung.«

»Sie lesen doch sicher auch gern Krimis, Kindaichi-san?«, schaltete Ryuji sich an dieser Stelle ein. Er sprach höflich, ohne dass sein Gesicht eine Regung verriet.

»Ja, sogar sehr gern. Außerdem können sie in meinem Beruf ausgesprochen hilfreich sein. Natürlich besteht ein großer Unterschied zwischen Realität und Fiktion, aber logisches Denken ist eine nützliche Übung für alles, was das Leben so bereithält. Zudem haben wir es hier mit einem *Locked Room Mystery* zu tun. Im Augenblick zermartere ich mir das Gehirn, ob ich schon mal einen Krimi gelesen habe, der Ähnlichkeit mit diesem Fall hat.«

»Locked Room … Was ist das?«, fragte Ryuji.

»So nennt man eine Geschichte über einen Mord, der sich in einem Raum ereignet, in dem alle Türen und Fenster von innen verschlossen sind. Ein unmögliches Verbrechen also. Einen Kriminalschriftsteller reizt es natürlich, dieses Unmögliche möglich zu machen. Die meisten schreiben irgendwann so eine Geschichte.«

»Klingt interessant. Und welche Lösungen stehen da bereit? Können Sie uns ein paar aufzählen?«

»Ich glaube, da sollten wir Saburo-san fragen. Welche von den Romanen über verschlossene Räume, die Sie gelesen haben, fanden Sie besonders raffiniert?«

Saburo lächelte schmallippig.

»Nun, ich mag *Das Geheimnis des gelben Zimmers* von Leroux«, sagte er mit einem unsicheren Blick auf seinen älteren Bruder.

»Das ist ein echter Klassiker. Ein zeitloses Meisterwerk, nicht wahr?«

»Und worum geht es in diesem Geheimnis des gelben Zimmers?«, fragte Ryuji.

»In einem von innen verriegelten Raum wird eine junge Frau schwer verletzt«, erklärte Kosuke. »Auf ihre Schreie stürzen ihr Vater und ein Diener herbei, brechen die Tür auf und stürmen in das Zimmer, wo sie Anzeichen eines Kampfes, überall Blut und das sterbende Opfer vorfinden. Von einem Angreifer ist jedoch nichts zu sehen. Das ist in groben Zügen die Geschichte. Dieser Roman gilt als Meisterwerk, weil keine Vorrichtung und kein Mechanismus an der Lösung beteiligt sind. Es gibt zahlreiche Kriminalromane über verschlossene Räume, aber in den meisten kommt am Ende ein ziemlich enttäuschender mechanischer Kunstgriff zum Einsatz. Ein Trick.«

»Was für ein Trick?«

»Das heißt, der Mord wurde zwar in einem abgeschlossenen Raum begangen, aber der Mörder hat irgendein mechanisches Hilfsmittel benutzt, beispielsweise ein Stück Draht oder eine Schnur, um von außen den Türknauf zu betätigen oder die Verriegelung wieder zuzuschieben. So was eben. Nicht gerade beeindruckend. Was meinen Sie, Saburo-san?«

»Da stimme ich Ihnen zu. Die Auflösung von *Das Geheimnis des gelben Zimmers* ist unerreicht. Dennoch gibt es einige Romane mit einer technischen Lösung, die ich durchaus beeindruckend finde.«

»Zum Beispiel?«

»Nehmen wir John Dickson Carr. Fast alle seine Romane sind Locked-Room-Varianten, von denen einige technisch ausgesprochen raffinierte Auflösungen präsentieren. Zum Beispiel ist die Lösung von *Der verrückte Hutmacher* herrlich originell. Nach den strengen Regeln des Locked-Room-Krimis gilt sie als mechanisch, aber John Dickson Carr ist ein Meister seines Fachs und verwendet natürlich nicht irgendeine billige Spielerei mit einem Draht oder einer Schnur. Er arbeitet auch in anderen Romanen wie *The Plague Court Murders* mit mechanischen Tricks, verschleiert sie aber stets mit genialer Raffinesse. Ich persönlich habe großen Respekt vor solchen Autoren und finde den Einsatz technischer Hilfsmittel keineswegs langweilig.«

Saburo hatte sich in Rage geredet. Plötzlich besann er sich und blickte verlegen in die Runde.

»Du meine Güte, jetzt habe ich mich verplaudert, und es ist schon dunkel. Sie müssen mich entschuldigen, aber wenn das Gespräch auf Krimis kommt, vergesse ich die Zeit.«

Saburo zuckte erschauernd die Achseln und warf Kosuke im Halbdunkel einen durchtriebenen und forschenden Blick zu.

Wieder ertönte in dieser Nacht die Koto auf dem Anwesen der Ichiyanagis.

11 Zwei Briefe

»Ko-san, Ko-san!«

Kosuke Kindaichi wurde unsanft aus dem Schlaf geweckt und stellte fest, dass es noch vor Tagesanbruch sein musste. Das Licht in dem Zimmer, das er mit Ginzo teilte, war eingeschaltet, und der Onkel beugte sich mit aufgeregter Miene über ihn. Kosuke fuhr hoch.

»W-was ist los, Onkel?«

»Ich hab was gehört. Als würde wieder jemand Koto spielen … Aber vielleicht habe ich nur geträumt.«

Reglos lauschten die beiden Männer, aber es war nichts Ungewöhnliches zu vernehmen. In der Stille, die so tief war, dass sie ihren Herzschlag hörten, ertönte lediglich das regelmäßige Klappern der Wassermühle.

»O-Onkel?«, stieß Kosuke plötzlich flüsternd hervor. »Hast du vorgestern Nacht, als die Morde passiert sind, die Mühle auch gehört?«

»Die Wassermühle?« Ginzo starrte Kosuke überrascht an. »Jetzt, wo du fragst. Ja, ich glaube, ich habe sie gehört … Ja, genau, aber das Geräusch ist so alltäglich, dass ich gar nicht darauf geachtet habe … Verdammt noch mal. Das muss ziemlich genau um die gleiche Zeit gewesen sein!«

Die beiden Männer sprangen fast gleichzeitig auf und griffen nach ihren Kleidern.

Da ertönte tatsächlich die Koto. Jemand zupfte die Saiten, pling pling pling. Dann zerriss ein lauter, kreischender Ton die Luft.

»Verflucht!«, schrie Kosuke, der sich in seinem Hemd verheddert hatte.

Er war in der Nacht zuvor sehr spät zu Bett gegangen. Kommissar Isokawa hatte ihm wie versprochen das Foto aus Kenzos Album gebracht, und er war bis lange nach Mitternacht aufgeblieben, um es mit den verbrannten Resten des Tagebuchs und den übrigen Alben und Tagebüchern aus dem Studierzimmer zu untersuchen. Danach hatte er noch einige Zeit damit verbracht, die Kriminalromane durchzusehen, die er sich aus Saburos Sammlung herausgesucht hatte. So war er erst nach zwei Uhr morgens ins Bett gekommen und reagierte nicht so schnell wie sonst.

»Onkel, wie spät ist es?«

»Halb fünf. Genau wie beim letzten Mal.«

Als sie sich hastig angezogen hatten und den Laden aufschoben, stellten sie fest, dass draußen dichter Nebel herrschte. In der Nähe des Gartentors zum Nebengebäude machten sie zwei schemenhafte Gestalten aus, die offenbar eine Auseinandersetzung hatten. Ein Mann mit tiefer Stimme beschimpfte eine schluchzende Frau. Es waren Ryosuke und Suzuko.

Ginzo ging zu den beiden hinüber. »Suzuko, was ist hier los?«, fragte er barsch.

»Suzu-chan ist wieder schlafgewandelt«, sagte Ryosuke.

»Nein, stimmt nicht, er lügt! Ich wollte Tamas Grab besuchen. Ich schlafwandle nicht. Du lügst, du lügst, du lügst!«

Suzuko fing wieder an zu schluchzen.

»Haben Sie das eben auch gehört, Herr Ryosuke?«, fragte Ginzo.

»Ja, habe ich, und als ich nach draußen lief, sah ich Suzuchan hier herumirren.«

Nun tauchten auch Ryuji und Itoko aus dem Nebel auf.

»Bist du das, Ryosuke? Und Suzuko? Was ist mit Saburo? Habt ihr ihn gesehen?«, fragte Itoko.

»Saburo? Der schläft doch bestimmt.«

»Nein, er ist nicht in seinem Zimmer. Ich wollte ihn wecken, als ich die Koto hörte.«

»Wo ist denn Kindaichi-san?«, fragte Ryuji.

Gerade als Ginzo sich im Nebel nach seinem Schützling umsah, ertönte ein lauter Ruf aus dem Nebengebäude. Es war Kosuke.

»Jemand soll einen Arzt rufen! Herr Saburo ist …«

Der Rest seiner Worte wurde vom Nebel verschluckt, dennoch erstarrten alle wie zu Stein.

»Saburo wurde ermordet!«, schrie Itoko und vergrub ihr Gesicht im Ärmel ihres Nachtgewandes.

»Aki, kümmere dich um Mutter und Suzuko«, sagte Ryosuke zu seiner Frau, die gerade herbeigelaufen kam. »Und schick nach dem Arzt.«

Während Aki die beiden anderen Frauen zurück ins Haupthaus begleitete, eilten Ryuji, Ryosuke und Ginzo durch das Gartentor zum Nebengebäude. Wie zuvor waren alle Läden fest verschlossen. Der Nebel reflektierte das durch die Ranma nach außen dringende elektrische Licht.

»D-da drüben. Sie können über den Engawa auf der Westseite reinkommen.«

Kosukes Stimme drang allerdings aus der Diele am Eingang. Als die drei Männer die Westseite erreichten, stand der kürzlich von Genshichi aufgebrochene Laden offen. Sie stürmten ins Haus, in dem alle Schiebetüren geöffnet waren. Nachdem sie die Tatamizimmer durchquert hatten, erblickten sie Kosuke, der auf dem Lehmboden der schwach beleuchteten Diele kniete. Sie wollten auf ihn zustürzen, erstarrten jedoch bei dem sich ihnen bietenden Anblick.

Auf dem Lehmboden lag zusammengerollt Saburo. Seine rechte Schulter war blutüberströmt. Mit der rechten Hand kratzte er kraftlos an der Tür. Einen Moment stand Ryuji wie angewurzelt da, doch dann schob er die Ärmel hoch, drängte Kosuke beiseite und ging neben seinem Bruder in die Hocke. Sogleich blickte er wieder auf.

»Ryosuke, hol meine Tasche aus dem Haupthaus! Und sorge dafür, dass der Dorfarzt so schnell wie möglich herkommt.«

»Ist Saburo …?«

»Nein, ich vermute, er wird wieder. Die Wunde ist ziemlich tief, aber … Und sieh zu, dass du Mutter nicht unnötig beunruhigst.«

Ryosuke machte sich auf den Weg zum Haupthaus.

»Kann ich Ihnen irgendwie nützlich sein?«, fragte Kosuke.

»Nein, am besten, wir bewegen ihn so wenig wie möglich. Außerdem wird Ryosuke gleich mit meiner Arzttasche hier sein«, erwiderte Ryuji so schroff, dass Ginzo die Brauen hochzog.

»Was, glaubst du, ist hier passiert?«, fragte er Kosuke.

»Ich weiß es auch nicht. Aber auf den ersten Blick sieht es so aus, als wäre er durch den Wandschirm hindurch verwundet worden und in die Diele geflüchtet. Beim Versuch, die Tür zu öffnen, ist er dann zusammengebrochen. Hast du den Wandschirm gesehen?«

Ginzo und Kosuke gingen in das größere Tatamizimmer. Der fragliche Wandschirm lag genauso da wie in der Nacht zuvor, nur dass er jetzt von oben nach unten einen zwölf Zentimeter langen vertikalen Schnitt aufwies. Seine schimmernde Vergoldung war voller Blutspritzer, die wie verstreute Blütenblätter wirkten. Dazwischen waren bereits zum Teil getrocknete Fingerabdrücke erkennbar. Wieder waren es nur drei Finger, aber da die Person diesmal keine Koto-Plektren getragen hatte, waren die Bögen und Wirbel der Abdrücke zumindest schwach sichtbar. Stirnrunzelnd musterte Ginzo die Koto, die neben dem Wandschirm stand. Wieder war eine Saite gerissen, und ein weiterer Steg fehlte, der jedoch neben dem Instrument auf dem Boden lag.

»Was war mit dem Laden, als du ankamst, Kosuke?«

»Er war geschlossen. Ich habe durch den Spalt von dem Beil gegriffen und den Riegel geöffnet. Schau mal da draußen, an der Steinlaterne.«

Ginzo trat auf den Engawa und blickte ins Freie. Rechts neben der Steinlaterne lag schimmernd im Morgennebel ein Katana.

Derartige Geschehnisse lassen sich nirgendwo lange verheimlichen, aber auf dem Land verbreiten sie sich wie ein Lauffeuer. Bei Tagesanbruch wusste das ganze Dorf, dass sich bei der Familie Ichiyanagi ein zweiter tragischer Zwischenfall ereignet hatte. Auch in den umliegenden Orten war die Neuigkeit schon angekommen. Inmitten all der Aufregung erhielten die Ermittler eine Nachricht, die die Angelegenheit in einem völlig anderen Licht erscheinen ließ.

An diesem Morgen gegen neun Uhr traf ein Mann mit dem Fahrrad aus K. ein und bat dringend um ein Gespräch mit dem für den Fall zuständigen Beamten. Da Kommissar Isokawa auf dem Weg zum Tatort des jüngsten Verbrechens war, fanden die beiden schnell zueinander.

Derzeit befinde sich im Kiuchi-Hospital in K. eine Patientin, so sagte der Mann aus, die nach einem Unfall am Vortag eingeliefert worden sei. Als sie am Morgen von den Morden auf dem Anwesen der Ichiyanagis hörte, habe sie sich schrecklich aufgeregt, behauptet, wichtige Informationen zu besitzen, und darauf bestanden, mit dem zuständigen Ermittler zu sprechen. Angeblich wisse sie, wer der Mörder sei.

Kosuke hörte gespannt zu, als der Mann seine Geschichte erzählte. Er war sich sicher, dass es sich um die Frau handelte, die er im Zug aus Kurashiki gesehen, jedoch inzwischen in all der Aufregung völlig vergessen hatte.

»Herr Kommissar, wir sollten mit dieser Frau sprechen. Ich bin überzeugt, dass sie etwas weiß«, sagte er.

Also machten die beiden sich mit Fahrrädern auf den Weg zum Kiuchi-Hospital. Es handelte sich tatsächlich um die Frau, der Kosuke im Zug begegnet war. Sie lag auf einem dünnen Futon. Ihr Kopf und ihre Hand waren bandagiert, dennoch schien sie in keiner schlechten Verfassung.

»Sie sind der für diesen Fall zuständige Beamte?«

Sie sprach klar und höflich und strahlte ungeachtet ihres nicht gerade attraktiven Äußeren eine gewisse Würde aus. Bei aller Würde haftete ihr jedoch auch etwas jüngferlich Schulmeisterliches an.

Nachdem Isokawa ihr seine Zuständigkeit bestätigt hatte, stellte sie sich als Shizuko Shiraki vor, Lehrerin an der Mädchenschule S. in Osaka und enge Freundin der ermordeten Braut Katsuko Kubo.

»Aha. Und Sie sagen, Sie hätten Informationen zu unserem Mordfall?«

Shizuko nickte nachdrücklich und griff nach ihrer Handtasche, der sie zwei Briefe entnahm. Einen davon reichte sie Kommissar Isokawa.

»Bitte sehen Sie sich den einmal an.«

Der Brief war von Katsuko Kubo an Shizuko Shiraki gerichtet. Er war auf den 20. Oktober datiert, also etwa einen Monat alt. Der Kommissar und Kosuke wechselten einen Blick und holten Luft, bevor sie ihn eilig lasen.

Liebe Shizuko,

ich schreibe Dir vor allem, weil ich Dir eine Erklärung schuldig bin. Du hast mir geraten, mein Geheimnis vor meiner Hochzeit im Dunkeln zu lassen. Es ans Licht zu bringen sei nicht der Weg zu einer glücklichen Ehe. Dennoch habe ich das Versprechen gebrochen, das ich Dir gegeben hatte, und Kenzo die ganze Geschichte von diesem abscheulichen T. offenbart. Aber keine Sorge, ich bereue es nicht im Geringsten. Zuerst war er natürlich entsetzt, doch schließlich empfand er großes Mitleid mit mir. Natürlich hat der Umstand, dass ich keine Jungfrau mehr bin, ihn sehr verletzt. Doch anstatt dieses Geheimnis für mich zu behalten und mein ganzes Leben lang unter Schuldgefühlen zu leiden, finde ich es so viel besser. Auf diese Weise kann ich meine Ehe ohne diese Bürde eingehen. Wie sehr dieses Ereignis das Herz meines Mannes auch verdüstert haben mag, ich werde nun alles tun, um ihm meine Zuneigung zu beweisen und das schlechte Bild, das Kenzo von mir hat, auszulöschen. Mach Dir also bitte keine Sorgen um mich, meine liebe Freundin.

Deine Katsuko

Kaum hatten Isokawa und Kosuke den ersten Brief gelesen, reichte Shizuko ihnen den zweiten. Er stammte vom 16. November, war also neun Tage vor der Hochzeit geschrieben worden.

Liebe Shizuko,

bitte hilf mir! Ich bin völlig außer mir. Gestern war ich mit Onkel Ginzo im Kaufhaus Mitsukoshi in Osaka. (Bitte verzeih, dass ich nicht bei Dir vorbeigeschaut habe, aber mein Onkel war die ganze Zeit dabei.) Wir wollten für die Hochzeit einkaufen. Kannst Du Dir vorstellen, wen ich zu meinem Entsetzen dort getroffen habe? T.! Ich bin zu Tode erschrocken. Er hat sich seit damals sehr verändert, scheint völlig heruntergekommen. Er war in Begleitung eines anderen jungen Mannes, der auf den ersten Blick als Schurke zu erkennen war … Bestimmt bin ich kreidebleich geworden. Mein Herz wurde zu Eis, und ich zitterte am ganzen Körper. Natürlich hatte ich nicht die Absicht, auch nur ein Wort mit ihm zu wechseln. Aber dann … T. wartete, bis mein Onkel abgelenkt war, dann kam er auf mich zu. Mit einem höhnischen Grinsen legte er seinen widerlichen Mund ganz dicht an mein Ohr und flüsterte: »Du heiratest, wie ich höre? Meinen herzlichen Glückwunsch.« Ich fühlte mich so gedemütigt und beschämt. Liebe Shizuko, ich bin verzweifelt. Seit dem Tag unserer Trennung vor sechs Jahren hatte ich ihn nicht mehr gesehen. Ich wähnte ihn ein für alle Mal tief in der Vergangenheit begraben. Ich hatte Kenzo von ihm erzählt, und er hat mir verziehen. Wir hatten uns geschworen, T.s Namen nie wieder zu erwähnen. Und ausgerechnet jetzt muss ich diesem Kerl begegnen! Natürlich war das bei Mitsukoshi das einzige Mal. T. ist dann einfach verschwunden. Ach, meine liebe Freundin, was soll ich nur tun?

Alles Liebe, Deine Katsuko

Als Kommissar Isokawa den zweiten Brief zu Ende gelesen hatte, konnte er seine Aufregung kaum verbergen.

»Sie halten also diesen T. für den Mörder, Fräulein Shiraki?«

»Ja, wer sonst sollte es gewesen sein? Ich kann mir niemand anderen vorstellen, der ein derart abscheuliches Verbrechen begehen würde.«

Shizuko Shiraki sprach in strengem Ton, als würde sie einen Schüler belehren.

»T. heißt mit vollem Namen Shozo Taya. Er stammt aus einer wohlhabenden Familie im Stadtbezirk Suma von Kobe. Als Katsuko ihm zum ersten Mal begegnete, trug er die Uniform einer medizinischen Fakultät. Später stellte sich heraus, dass er gar nicht studierte, sondern dreimal durch die Aufnahmeprüfung gefallen war. Katsuko war eine intelligente junge Frau, aber sie kannte die Gefahren nicht, denen Studentinnen, die allein vom Land nach Tokio kommen, dort ausgesetzt sind. Taya hat sie schändlich ausgenutzt. Nicht dass Katsuko sich leichtfertig mit ihm eingelassen hätte. Sie war verliebt und hatte die feste Absicht, ihn eines Tages zu heiraten. Aber der schöne Traum währte kaum drei Monate, bis sie entdeckte, dass er in Wirklichkeit gar kein Medizinstudent und außerdem in alle möglichen zwielichtigen Machenschaften verwickelt war. Nach vier Monaten beschloss sie, die Beziehung zu beenden. Ich begleitete und unterstützte sie dabei. T. reagierte völlig unverfroren. Er gab alles zu und schien sich damit abzufinden, dass es vorbei war. Seine Abschiedsworte klangen sogar einigermaßen beruhigend. Er sah Katsuko an, die schrecklich weinte, und sagte: ›Mach dir keine Sorgen, Katsuko, ich werde dir nicht länger zur Last fallen.‹ Danach hat Katsuko, wie sie in diesem Brief schreibt, Taya nie wiedergesehen, ja nicht einmal etwas über ihn gehört. Mir ist allerdings das ein oder andere Gerücht über ihn zu Ohren gekommen. Anscheinend verwahrloste er immer mehr, bis er sich schließlich sogar den Yakuza anschloss und Menschen bedrohte und erpresste. So einer ist das, und ich bin überzeugt, er konnte es nicht ertragen, dass Katsuko heiraten wollte. Es muss Taya gewesen sein, der Katsuko und ihren Mann getötet hat.«

Kosuke hörte wie gebannt zu, bis Shizuko zu Ende erzählt hatte. Dann zeigte er ihr das Foto von dem »Todfeind« aus

Kenzos Album, das Kommissar Isokawa ihm am Tag zuvor überlassen hatte.

»Fräulein Shiraki, handelt es sich bei diesem Mann um Shozo Taya?«

Erstaunt nahm Shizuko das Foto entgegen, schüttelte aber sofort den Kopf.

»Nein«, sagte sie bestimmt. »Das ist er nicht. Taya sieht viel, viel besser aus.«

12 Ein Grab wird geöffnet

Shizuko Shirakis Aussage verlieh Kosuke Kindaichis und Kommissar Isokawas Ermittlungen eine entscheidende Wendung, obwohl sie die beiden auf ganz unterschiedliche Weise beeinflusste. Dennoch war sie der wichtigste Schlüssel zur Lösung des Falls, was ihnen jedoch erst später vollständig klar werden sollte.

Als Kosuke und Isokawa das Krankenhaus verließen, hing jeder seinen eigenen Gedanken nach. Auch wenn sie über den gleichen Sachverhalt nachdachten, hätten ihre Mienen nicht unterschiedlicher sein können. Im Gegensatz zu Kommissar Isokawa, der grimmig vor sich hin starrte, blickte Kosuke Kindaichi erstaunlich fröhlich drein.

Es wirkte geradezu übermütig, wie er auf der Rückfahrt mit einer Hand den Fahrradlenker umklammerte und mit der anderen durch sein vom Wind zerzaustes Haar fuhr. Schweigend radelten sie am Fluss entlang durch die Stadt bis an die Abzweigung, die zurück ins Dorf O. führte, als Kosuke plötzlich rief, sie sollten anhalten.

Ein wenig verblüfft stieg der Kommissar vom Rad. Kosuke ging an einen Tabakstand an der Ecke und kaufte eine Schachtel Sakura.

»Entschuldigen Sie«, fragte er die Okamisan, »kommt man auf der Straße dort drüben nach H.?«

»Ja, genau.«

»Ist das leicht zu finden? Oder kann man sich verfahren?«

»Immer geradeaus kommt man nach O. Dort geht es am Rathaus vorbei. Dann kommt in Yamanoya das Ichiyanagi-Anwesen. Es ist ein großes altes Herrenhaus. Sie können es nicht verfehlen. Am Eingangstor vorbei und über die Hügel geht es nach H. Der Weg verläuft geradeaus, so dass man sich kaum vertun kann.«

Die Frau blickte nicht einmal von ihrem Strickzeug auf.

»Ich verstehe. Vielen Dank.«

Kosuke strahlte unverhohlen, als er sich wieder zu Isokawa gesellte. Dieser musterte ihn verwundert, aber Kosuke machte keine Anstalten, sich zu erklären.

»Danke, dass Sie auf mich gewartet haben. Los geht's!« Er sprang auf sein Rad.

Isokawa konnte sich beim besten Willen nicht vorstellen, warum der Detektiv der Okamisan diese Fragen gestellt hatte. Ratlos folgte er Kosuke durch O., hinauf in den Weiler Yamanoya und bis zum Anwesen der Ichiyanagis.

Unterdessen hatte man Saburo ins Haupthaus gebracht, wo er von seinem Bruder Ryuji und dem Dorfarzt Dr. F. behandelt wurde. Seine Wunde war tief, und er erkrankte später an Wundstarrkrampf, so dass er zeitweise in Lebensgefahr schwebte. Aber als Isokawa und Kosuke zurückkamen, hatte sich sein Zustand vorübergehend gebessert, und er schien einer Befragung standhalten zu können. Der Kommissar eilte sofort ins Krankenzimmer, doch Kosuke dachte seltsamerweise gar nicht daran, sich ihm anzuschließen. Stattdessen wandte er sich, gleich nachdem er vom Rad gestiegen war, an Isokawas Assistenten Kimura und einen anderen jungen Polizeibeamten, der zufällig in der Nähe stand, um ihnen einen für sie offenbar überraschenden Auftrag zu erteilen.

»Wirklich? Wir sollen jetzt sofort nach H. fahren?«, fragten sie.

»Genau. Suchen Sie dort bitte jedes Haus auf, so viele können es ja nicht sein, und fragen nach diesem Mann.«

»Ja, aber … was ist mit dem Chef?«

»Keine Sorge, ich werde Kommissar Isokawa alles erklären. Die Angelegenheit ist von äußerster Wichtigkeit. Hier, das nehmt ihr mit.«

Kosuke übergab Kimura das Foto des Mannes mit den drei Fingern, das er bereits Shizuko Shiraki gezeigt hatte. Kimura steckte es ein, und die beiden noch immer ziemlich verdutzten Polizisten schwangen sich auf ihre Fahrräder und radelten davon, so schnell sie konnten. Kosuke sah ihnen nach, bevor er sich ins Haupthaus begab, wo Ginzo bereits auf ihn wartete.

»Kosuke, willst du gar nicht hören, was Saburo zu sagen hat?«

»Nein, schon gut. Ich kann es ja nachher immer noch vom Kommissar erfahren.«

»Du hast zwei Beamte nach H. geschickt. Was hat es denn damit auf sich?«

»Das erzähle ich dir später.«

Kosuke grinste. Ginzo blickte ihm fest in die Augen und seufzte zufrieden.

Er wusste jetzt Bescheid. Kosuke tappte nicht länger im Dunkeln. Er war gerade dabei, in seinem Gehirn, das er anstelle von Lupe und Maßband benutzte, die Einzelteile des Falls zu einem Gesamtbild zusammenzusetzen. Das Glitzern in Kosukes Augen verriet Ginzo, dass er das Rätsel beinahe gelöst hatte.

»Du hast in K. etwas herausgefunden, nicht wahr?«

»Ja, darüber muss ich mit dir reden, Onkel, aber nicht hier. Lass uns rübergehen.«

Sie traten ins Wohnzimmer. Es war leer, denn die ganze Familie Ichiyanagi hatte sich um Saburos Krankenlager versammelt.

Es schmerzte Kosuke, Ginzo zu sagen, was er ihm sagen musste. Er wusste, dass der Onkel Katsuko sehr geliebt und ihr bedingungslos vertraut hatte. Mit der Enthüllung ihres Geheimnisses würde er ihm großen Kummer bereiten. Aber es führte kein Weg daran vorbei, er musste Ginzo sagen, was er erfahren hatte.

Ginzos Entsetzen war erwartungsgemäß groß. Einen Moment lang sah er aus wie eine verlorene Seele. Dann machte er ein Gesicht wie ein geprügelter Hund.

»Ko-san, das kann doch nicht sein. Ist das wirklich wahr?«

»Ich fürchte ja. Warum sollte dieses Fräulein Shiraki eine so umständliche Reise auf sich nehmen, nur um uns eine Lüge aufzutischen? Außerdem habe ich die Briefe gesehen, die Katsuko ihr geschrieben hat.«

»Aber warum hat Katsuko mir nichts davon erzählt? Und sich nur ihrer Freundin anvertraut?«

»Ach, Onkel.« Kosuke drückte Ginzo mitfühlend die Schulter. »Junge Mädchen vertrauen sich für gewöhnlich nicht ihren Eltern oder ihren nächsten Verwandten an. Es fällt ihnen leichter, sich ihren Freundinnen zu öffnen.«

Eine Weile saß Ginzo völlig niedergeschlagen da, aber er war ein tatkräftiger Mann, der jetzt nur noch ein einziges Ziel vor Augen hatte, ein einziges Anliegen auf der Welt. Er konnte nicht untätig herumsitzen. Plötzlich schienen seine Lebensgeister zurückzukehren, und er hob den Kopf.

»Und? Was bedeutet das? Ist dieser T., also Shozo Taya, der Mörder?«

»Das behauptet jedenfalls Shizuko Shiraki, und auch Kommissar Isokawa ist dieser Ansicht.«

»Somit ist Taya der Mann mit den drei Fingern?«

»Nein, er ist es eben nicht. Zuerst dachte ich auch, er könnte es sein, deshalb habe ich Shizuko das Foto gezeigt, aber sie war sich ganz sicher, dass er es nicht ist. Der Kommissar war ziemlich enttäuscht, dass diese Spur sich als Sackgasse entpuppt hat.«

Kosuke lachte arglos. Ginzo sah ihn forschend an.

»Ko-san, was denkst du? Mir scheint, du glaubst nicht, dass dieser Taya etwas mit den Morden zu tun hat.«

»Doch, im Gegenteil. Ich bin sicher, dass er eine ganze Menge damit zu tun hat … Oh, kann ich dir helfen?«

Das Dienstmädchen Kiyo öffnete die Schiebetür einen Spalt und schaute ins Zimmer.

»Verzeihung, ich dachte, das junge Fräulein wäre vielleicht hier«, sagte Kiyo und wollte hastig den Rückzug antreten.

»Nein, Suzuko ist nicht hier. Einen Moment noch, Kiyo.«

»Ja, Herr?«

»Es gibt etwas, das ich dich fragen möchte. Wer war am Hochzeitsabend bei der letzten Sake-Zeremonie im Nebengebäude anwesend? Ich weiß, der Bürgermeister, das Brautpaar und die Mutter des Bräutigams waren da. Und natürlich Ryosuke und Akiko, nicht wahr?«

»Das stimmt. Sonst niemand.«

»Und die gnädige Frau trug an diesem Abend einen Kimono mit dem Familienwappen, ja? Hast du den anschließend zusammengefaltet und weggeräumt?«

Kiyo war sichtlich überrascht von dieser Frage.

»Nein, das war nicht ich.«

»Wer war es dann?«

»Niemand. Die gnädige Frau ist sehr heikel mit ihrer Kleidung. Niemand außer ihr darf ihre Kimonos anfassen. Sie legt sie immer selbst zusammen. Aber nach dem, was in dieser Nacht passiert ist, hat sie keine Zeit dazu gefunden. Er hängt noch immer in ihrem Zimmer.«

Kosuke sprang auf.

»K-k-kannst du m-m-mich sofort dorthin bringen?«

Kosuke sprach mit solchem Feuereifer, dass Kiyo erschrak. Sie wich ein paar Schritte zurück und sah aus, als würde sie gleich in Tränen ausbrechen. Ginzo, ebenfalls überrascht von Kosukes Reaktion, versuchte, sie zu beruhigen.

»Kein Grund zur Sorge, Kiyo. Ich komme auch mit. Bitte, geh du vor. Wo befindet sich das Zimmer der Gnädigen?«

»Hier entlang, bitte.«

Die beiden folgten dem Dienstmädchen.

»Ko-san, was ist los? Hat es mit Itokos Kimono etwas Besonderes auf sich?«, flüsterte Ginzo seinem Schützling zu.

Kosuke nickte nur mehrmals nachdrücklich, weil er nicht wieder stottern wollte. Wie Kiyo gesagt hatte, hing der Kimono mit dem Familienwappen auf einem Bambusbügel an einem Balken in Itokos Schlafzimmer. Kosuke tastete die Ärmel von außen ab, bis sein Gesicht plötzlich aufleuchtete.

»K-Kiyo, du kannst jetzt gehen.«

Kiyo warf ihm einen verwunderten Blick zu. Kosuke wartete, bis sie den Raum verlassen hatte, und griff dann in den Ärmel.

»Onkel, Onkel! Das war also der Trick. Du kennst doch diese Vorführungen, bei denen ein Zauberkünstler auf der Bühne eine Armbanduhr in eine Schachtel fallen lässt? Die Uhr verschwindet und taucht am Ende wieder in der Tasche eines Zuschauers auf? Den Trick kennt jeder. Dieser Zuschauer ist aber Teil der Show und hat von Anfang an eine identische Uhr in der Tasche. Der Trick besteht also darin, dass es zwei Uhren gibt. Dem Zauberkünstler muss es nur gelingen, so zu tun, als würde er die erste Uhr in die Schachtel legen, während er sie stattdessen irgendwo anders versteckt. Und siehe da, hier ist sie – die erste Uhr!«

Kosuke zog etwas aus dem Kimono-Ärmel und hielt es Ginzo vor die Nase. Auf seiner Hand lag ein Koto-Steg, in den eine Ente auf einer Welle eingraviert war.

»Ko-san! Ist das etwa …?« Ginzo riss die Augen auf und schnappte nach Luft.

»Wie gesagt, Onkel, das war der Trick. Die große Enthüllung, aber das ist erst der Anfang. In jener Nacht … Oh, hallo. Komm rein.«

Ginzo drehte sich um und sah Suzuko, die in einem langen, bestickten Kimono auf dem Engawa stand und zaghaft ins Zimmer blickte.

»Suzu-chan, du kommst gerade recht. Ich möchte dich etwas fragen. Schau mal, das ist doch ein Steg von der Mandarinenten-Koto, ja? Stimmt doch, oder?«

Suzuko betrat schüchtern den Raum, warf einen Blick auf Kosukes Handfläche und nickte stumm.

»Es fehlte bereits ein Steg an der Koto, bevor du auf der Hochzeit darauf gespielt hast, nicht wahr?«, fragte Kosuke. »Weißt du, seit wann?«

»Nein. Als ich die Koto holte, war er nicht mehr da.«

»Und wann hast du sie geholt?«

»An dem Morgen des Tages, an dem die Braut angekommen ist, habe ich sie aus dem Speicher geholt. Weil ein Steg fehlte, nahm ich einen von der Koto, auf der ich immer übe, und setzte ihn auf die Mandarinenten-Koto.«

»Die Koto wurde also im Speicher aufbewahrt. Hatten auch andere Leute dort Zugang?«

»Für gewöhnlich ist er abgeschlossen. Aber weil die Braut gekommen ist, wurden alle möglichen Sachen von dort gebraucht, also stand er schon eine Weile offen.«

»Aha, es sind also mehrere Leute dort ein und aus gegangen?«

»Ja, praktisch alle. Wir mussten ja die ganzen Teller, Schüsseln, Sitzkissen, Wandschirme und so weiter von dort holen.«

»Ich danke dir. Du bist ein kluges Mädchen. Du, Suzuchan?« Kosuke legte ihr sacht eine Hand auf die Schulter und schaute in ihr kindliches Gesicht. »Warum machst du dir eigentlich so viele Gedanken um deine tote Katze?«

Kosuke Kindaichi behauptete später, er habe damals nicht geahnt, wie bedeutsam diese Frage war. Er sei einfach nur neugierig gewesen, welches Geheimnis dieses naive Mädchen derart beunruhigte, dass es sich mitten in der Nacht zum Grab ihres toten Haustiers hinausschlich.

Doch Suzuko erschrak über alle Maßen und verzog angstvoll das Gesicht.

»Tama?«

»Ja, Tama. Weißt du noch, ob du Tama vielleicht etwas Schlimmes angetan hast?«

»Nein, nein, ich habe nichts gemacht!«

»Suzu-chan, wann ist Tama gestorben?«

»Am Tag vor der Hochzeit. Frühmorgens.«

»Ich verstehe. Und am nächsten Morgen hast du sie dann begraben? Ist das richtig?«

Suzuko schwieg zuerst und brach dann plötzlich in Tränen aus. Kosuke und Ginzo wechselten einen Blick. Kosuke kam offenbar eine Idee, und sein Atem ging schneller.

»Suzu-chan, kann es sein, dass du Tama gar nicht am Morgen der Hochzeit begraben hast? Hast du vielleicht geschwindelt?«

Suzuko schluchzte noch heftiger.

»Entschuldigung, Entschuldigung. Aber die arme Tama hat mir so leidgetan. Ganz allein sollte sie in einem kalten Grab liegen. Arme Tama. Also steckte ich sie in eine Kiste und versteckte sie im Schrank, und dann … wurde mein großer Bruder getötet.«

»Ja, dein großer Bruder wurde getötet. Und dann?«

»Ich bekam große Angst. Weil Sabu gesagt hat, wenn man eine tote Katze herumliegen lässt, verwandelt sie sich in einen Geist. Er hat gedroht, dass dann etwas ganz Schlimmes passiert. Also bekam ich immer mehr Angst. Alle haben sich wegen Kenzo so aufgeregt, deshalb hat keiner bemerkt, wie ich Tama begraben habe.«

Das also war Suzukos Geheimnis. Das Geheimnis, das sie so sehr verfolgte, dass sie schlafwandelte.

»Und der Kasten, in den du Tama gelegt hast, also der Sarg, war der während der Hochzeit und als das Schreckliche mit deinem großen Bruder geschah, die ganze Zeit in deinem Zimmer?«

»Es tut mir so leid! Wirklich! Wenn du es meiner Mutter sagst, bekomme ich schrecklich geschimpft.«

»Onkel!« Kosuke sprang auf, als wäre ihm gerade etwas eingefallen.

»Schon gut, Suzu-chan«, sagte Ginzo freundlich. »Es ist alles in Ordnung. Du hast die Wahrheit gesagt und brauchst keine Angst mehr zu haben. Komm, hör auf zu weinen und geh rüber zu den anderen. Kiyo sucht dich schon.«

Suzuko wischte sich die Augen und huschte hinaus. Kosuke lauschte noch kurz auf das Getrappel ihrer Schritte, dann packte er Ginzo am Arm.

»Onkel, komm, lass uns das Grab der Katze untersuchen.«

»Aber Ko-san …?«

Doch Kosuke hörte ihn schon nicht mehr. Den Saum seines abgetragenen Hakama gerafft, schoss er zur Tür hinaus. Ginzo folgte ihm natürlich.

Die beiden begaben sich direkt in den Teil des Gartens, in dem sich das Grab befand. Wie es der Zufall wollte, lag dort noch die Schaufel, mit der es am Tag zuvor ausgehoben worden war. Kosuke fing sofort an zu graben.

»Ko-san, was in aller Welt ist los?«

»Ich war wie blind von der harmlosen Schwindelei der Kleinen. Der Katzensarg war zum Zeitpunkt des Mordes noch in Suzukos Zimmer.«

»Du meinst, der Mörder hat etwas darin versteckt? Aber wir haben doch das Grab gestern schon geöffnet.«

»G-Genau. Deshalb war danach auch der sicherste Zeitpunkt, um etwas darin zu verstecken.«

Es dauerte nicht lange, bis sie die kleine Kiste freigelegt hatten. Die Nägel waren lose und leicht zu entfernen, da der Deckel am Vortag schon einmal geöffnet worden war. Das Innere wirkte unverändert. Die weichherzige Suzuko hatte den kleinen Katzenkörper in eine seidene Decke gewickelt.

Kosuke hob sie mit einem Stock an und zog mit Daumen und Zeigefinger vorsichtig ein in Wachspapier gewickeltes und verschnürtes Päckchen darunter hervor.

Ginzo machte große Augen. Das Päckchen hatte am Vortag definitiv noch nicht im Sarg gelegen.

Kosuke riss das Wachspapier an einer Ecke ein, spähte darunter und hielt es Ginzo dann vor die Nase.

»G-g-guck mal, Onkel. Er w-war also doch hier.«

Ginzo schaute durch den Riss im Wachspapier und erschrak dermaßen, dass der Boden unter seinen Füßen ins Wanken geriet. Ganz gleich, wie lange er noch leben würde, diesen Schreck würde er nie vergessen. Tatsächlich machten die beiden wenig später eine noch grausigere Entdeckung, aber selbst darüber war Ginzo nicht so bestürzt wie über den Inhalt dieses Päckchens.

13 Kommissar Isokawa ist schockiert

»Wo kommen Sie beide denn her?«

Kommissar Isokawa saß auf dem Engawa des Haupthauses, als Kosuke und Ginzo von ihrem Ausflug zum Katzengrab zurückkehrten.

»Wir sind nur ein bisschen spazieren gegangen.«

»Wo denn? Im Garten?«

»Ja, genau.«

Isokawa musterte die beiden Männer forschend. Ginzos unübersehbar aschfahles Gesicht erregte seinen Argwohn.

»Was ist denn los? Ist etwas passiert?«

»Aber nein, was meinen Sie?«

»Was haben Sie denn da in der Hand?«

Kosuke schwenkte lässig ein Bündel aus einem zusammengeknoteten Taschentuch.

»Ein Mitbringsel«, verkündete er harmlos lächelnd.

»Ein Mitbringsel?«

»Genau. Aber, Herr Kommissar, Sie sollten weniger fragen und mehr erzählen. Wie geht es Saburo?«

»Den Umständen entsprechend. Setzen Sie sich doch, lieber Kubo-san. Geht es Ihnen denn gut? Sie sehen furchtbar blass aus.«

»Onkel, was ist mit dir? Ach ja, wir haben über den Mord an Katsuko geredet. Das nimmt ihn natürlich schrecklich mit. Also, was hat Saburo gesagt?«

»Nun ja, es ist alles ziemlich vage, aber diesmal sind Sie zur Hälfte mitschuldig.«

»Was? Ich? Was soll das heißen?«

»Sie haben Saburo doch gestern zu diesem Gespräch über Kriminalromane herausgefordert. Sie sprachen über Morde in verschlossenen Räumen. Das muss ihn animiert haben. Saburo hat daraufhin beschlossen, den Fall selbst zu lösen, und sich vergangene Nacht ins Nebengebäude geschlichen.«

»Ach, sagt er das? Egal, was ist dann passiert?«

»Nun, er hat alle Türen und Läden von innen verschlossen. Mit anderen Worten, er wollte den Zustand des Hauses in der Mordnacht wiederherstellen. Dabei hatte er jedoch schon das Gefühl, dass sich jemand in dem Wandschrank hinter der Tokonoma versteckt hielt. Es war nichts zu hören, dennoch spürte er, dass dort jemand atmete. Irgendwann hielt er es nicht mehr aus und wollte sich vergewissern.«

»Ja, ja, weiter.«

»Als Saburo die Tür zum Wandschrank öffnete, sprang ein Mann mit einem Schwert heraus. Saburo schrie und wollte weglaufen, kam aber nur bis in das größere Tatamizimmer, wo der Mann ihm die Schulter und außerdem den Wandschirm aufschlitzte. Saburo verlor das Bewusstsein und kann sich nicht erinnern, was danach geschah. Er weiß nicht einmal mehr, wie er zur Tür gekommen ist.«

»Aha. Und wie hat der Angreifer ausgesehen?«

»Er hat ihn kaum gesehen, weil es so dunkel war und er außerdem vor Angst halb blind gewesen sei, was ich unter den gegebenen Umständen für ziemlich glaubwürdig halte. Nur, dass der Angreifer eine übergroße medizinische Maske trug, hat er bemerkt. Mehr nicht.«

»Vermutlich hat er auch keinen Blick auf die Finger des Mannes werfen können?«

»Nein, natürlich nicht. Dazu war keine Zeit. Aber aus den blutigen Fingerabdrücken, die der Kerl hinterlassen hat, können wir wohl mit großer Sicherheit schließen, dass es der Mann mit den drei Fingern war.«

Kosuke und Ginzo tauschten einen Blick.

»Und? Hat Saburo noch etwas gesagt?«

»Nein, das war's. Ich hatte auch auf eine genauere Schilderung gehofft, aber sie fiel doch ziemlich enttäuschend aus. Dieser Fall nimmt allmählich bedrückende Ausmaße an. Da ist ja auch noch dieser Taya, von dem wir nicht einmal wissen, ob er überhaupt etwas mit dem Mann mit den drei Fingern zu tun hat. Das alles bereitet mir großes Kopfzerbrechen.«

»Lassen Sie sich nicht entmutigen, Herr Kommissar. Wir bekommen bestimmt bald gute Nachrichten. Ach so, ja, jetzt hätte ich es fast vergessen. Ich habe Ihren Assistenten – wie hieß er noch? der, der vorhin hier war – nach H. geschickt.«

»Sie meinen Kimura? Was soll er denn in H.?«

Kosuke erhob sich.

»Etwas für mich überprüfen. Komm, Onkel, wir gehen.«

»Wohin wollen Sie denn?«, fragte der Kommissar in etwas missbilligendem Ton.

»Ach, wir gehen einfach nur ein bisschen spazieren. Sie bleiben doch noch eine Weile, Herr Kommissar, oder?«

»Ja, natürlich.« Isokawa sah Kosuke forschend an.

»Dann könnten Sie doch Ryuji-san mal etwas fragen, oder? Er behauptet, er sei am Morgen nach den Morden hier angekommen. Allerdings wurde er am Tag zuvor, also am 25., dem Tag der Hochzeit, um die Mittagszeit dabei beobachtet, wie er am Bahnhof N. aus einem Zug stieg. Der Zeuge scheint glaubwürdig. Könnten Sie Ryuji fragen, warum er uns angelogen hat?«

»W-was sagen Sie da?«, stotterte Isokawa.

»Aber, aber, Herr Kommissar. Sie sollen mich doch nicht immer nachmachen. Komm, Onkel.«

Damit ließen Kosuke und Ginzo den Kommissar sprachlos auf dem Engawa sitzen und spazierten um das Haus herum zum hinteren Tor hinaus.

Durch dieses an der Westseite gelegene Tor hatte der geheimnisvolle Mann mit den drei Fingern das Anwesen betreten, um am Tag der Hochzeit den Zettel abzugeben. Die beiden Männer wanderten am Bachufer entlang nach Norden.

»Ko-san, wohin gehen wir?«

»Ich weiß es nicht. Aber auch ein Hund findet einen Stock, wenn er nur lange genug herumschnüffelt. Lass uns auch ein bisschen herumschnüffeln und dabei die Augen offen halten.«

Kosuke trug noch immer das Bündel aus dem zusammengeknoteten Taschentuch in der Hand. Sie folgten dem Bach, bis sie die Wassermühle erreichten, die gerade stillstand.

Hinter der Mühle wurde der Weg auf einmal sehr schmal,

machte eine scharfe Biegung und wand sich den Hügel hinauf nach Osten. Hinter der Biegung stießen die beiden auf einen ziemlich großen Teich.

Dieser Teil der Präfektur Okayama war berühmt für seinen Reisanbau und die zahlreichen Teiche, die man zu Bewässerungszwecken angelegt hatte. Somit war ein solches Gewässer kein seltener Anblick. Kosuke blieb dennoch stehen und starrte nachdenklich hinein, als ein Landarbeiter vorbeikam.

»Warte«, sprach Kosuke ihn an. »Sag mal, legt ihr den Teich jedes Jahr trocken?«

»Ja, machen wir.«

»Ist das in diesem Jahr schon geschehen?«

»Nein, noch nicht ... Eigentlich machen wir das immer am 25. November, aber weil wir dieses Jahr alle wegen der Hochzeit bei den Ichiyanagis so beschäftigt waren, haben wir es auf den 5. im nächsten Monat verschoben.«

Kosuke machte ein enttäuschtes Gesicht.

»Ah, ich verstehe. Und die Familie Ichiyanagi weiß natürlich davon?«

»Ja, die wissen Bescheid. Den Teich hat Herr Sakue, das frühere Familienoberhaupt, angelegt. Wenn wir ihn trockenlegen wollen, müssen wir jedes Mal die Erlaubnis der Ichiyanagis einholen. Das hat eigentlich keinen richtigen Sinn, aber so ist es Brauch.«

»Danke für die Auskunft.«

Sie verabschiedeten sich von dem Mann und stiegen langsam auf dem felsigen Weg den Hang hinauf. Ginzo stellte keine Fragen, denn ihm war klar, dass Kosuke genau wusste, wonach er suchte, also folgte er ihm schweigend. Nach einer Weile erreichten sie erneut eine Biegung.

»Ah! Dort könnte es sein«, rief Kosuke und blieb stehen.

Unmittelbar hinter der Biegung lag ein schmales, ebenes Stück Land mit einem nach oben spitz zulaufenden, lehmverputzten Rundbau, bei dem es sich um einen kleinen Kohlenmeiler handelte.

In dieser Gegend gab es keine Köhler, aber die Einheimischen wirtschafteten sparsam und stellten ihre eigene Holzkohle her. Dazu bauten sie solche Öfen aus Ziegeln und Lehm. Sie waren sehr klein, so dass man darin nicht mehr als ein paar Säcke, höchstens zwölf, auf einmal verarbeiten konnte. Die für diese Gegend typischen Kohlenmeiler waren kaum größer als zwei Quadratmeter und etwa brusthoch.

Auf einen dieser Öfen waren Kosuke und Ginzo jetzt gestoßen. Aus einem herausragenden verkohlten Stecken zu schließen, hatte wohl gerade jemand eine Ladung Holzkohle fertiggestellt. Kosuke bückte sich und spähte durch die kleine Öffnung hinein. Darin kauerte auf allen vieren ein Mann mit einem Tuch um den Kopf, der die letzten Holzkohlereste zusammenkratzte. Er schien fast fertig zu sein.

»He, du da!«

Der Angesprochene zuckte zusammen und wandte sich ihnen zu.

»Ich möchte dich etwas fragen. Kannst du einen Moment herauskommen?«

Der Mann rumorte noch kurz im Ofen herum, kam aber schließlich, zwei mit Holzkohle gefüllte Bambuskörbe vor sich herschiebend, herausgekrochen. Sein Gesicht und seine Hände waren rußgeschwärzt, nur seine Augen leuchteten hell.

»Was gibt es?«

»Wann hast du das Feuer für diese Holzkohle angezündet? Bitte antworte wahrheitsgemäß, es ist wichtig.«

Wenn auf dem Lande etwas Ungewöhnliches passiert, weiß jeder sofort Bescheid. Seit dem Vortag war allgemein bekannt, dass es sich bei dem mickrigen, unscheinbaren Jüngling im schäbigen Hakama um einen berühmten Detektiv aus der Stadt handelte. Also rechnete der Köhler eifrig und aufgeregt an seinen knubbligen Fingern nach.

»Äh … ich muss den Ofen am 25. abends angezündet haben. Ja, ganz bestimmt. Es war an dem Tag, an dem die Hochzeit bei den Ichiyanagis war.«

»Und wann hast du das Holz hineingelegt?«

»Äh, ja, das Holz. Das habe ich am Tag vorher, also am 24., hergebracht. Aber bis zum Dunkelwerden hatte ich nur die Hälfte geschafft, also bin ich nach Hause gegangen. Am nächsten Abend habe ich den Ofen mit den restlichen Ästen gefüllt und dann angezündet.«

»Ist dir aufgefallen, dass sich von dem einen Tag auf den anderen etwas verändert hat? Kam dir irgendetwas merkwürdig vor?«

»Ja, jetzt wo Sie es sagen. Nachdem ich das Feuer angezündet hatte, habe ich in der Nacht hin und wieder nach dem Rechten gesehen. Das war am 25., ich weiß es noch genau, denn es hat stark geschneit. Jedenfalls könnte ich schwören, dass aus dem Ofen ein Gestank nach verbrannter Haut oder so was kam. Zuerst dachte ich, eine tote Katze oder so wäre mit dem Holz in den Ofen geraten, aber dann stellte sich heraus, dass jemand sich einen Streich erlaubt und ein paar schmutzige alte Kleider und ein Paar Schuhe in den Schornstein gestopft hatte. Schauen Sie, da habe ich das ganze Zeug hingeworfen.«

Die Kleider, auf die er deutete, waren bis zur Unkenntlichkeit verbrannt, aber die Schuhe hatten, wiewohl völlig schwarz, ihre Form bewahrt. Kosuke stocherte mit einem Stock in dem Haufen herum.

»Darf ich mal einen Blick in den Meiler werfen?«

»Ja, aber da ist nichts mehr drin.«

Ohne auf seinen Hakama zu achten, kroch Kosuke durch die Asche in den Ofen. Ginzo hörte ihn in der Dunkelheit herumscharren, bis er auf einmal laut nach dem Köhler rief.

»He d-du, k-komm her! Schnell!«

»W-Was ist?«, schrie der Köhler und stürzte zum Ofen.

»Hahaha! Heute machen mich alle nach … Lauf, so schnell du kannst, zum Anwesen der Ichiyanagis und bestell dem Kommissar Isokawa, er soll sofort kommen! Seinen Assistenten und die Dorfpolizei soll er auch mitbringen! Oh, und ein paar Schaufeln.«

»Aber w-was soll ich denen denn sagen, was hier ist?«

»Das erfahren sie noch früh genug. Beeil dich gefälligst!«

Während der Mann wie ein pechschwarzer Kieselstein den steilen Hang hinunterhüpfte, kroch Kosuke mit rußverschmierter Nase aus dem Ofen.

»Ko-san, ist in diesem Ofen wirklich …?«

Kosuke nickte kurz und bestätigte Ginzos Verdacht. Der schluckte und fragte nicht weiter. Auch Kosuke schwieg. Am klaren spätherbstlichen Himmel über ihnen zwitscherten die Vögel.

Kurze Zeit später tauchte Kommissar Isokawa mit seinem Assistenten und den Beamten der Dorfpolizei auf. Die Letzteren trugen Schaufeln. Alle waren leicht außer Atem und sehr neugierig.

»Kindaichi-san, was ist hier los?«

»Herr Kommissar, bitte lassen Sie Ihre Männer in dem Ofen graben. Darin liegt eine Leiche.«

»Eine Lei-Leiche?«, meckerte der zurückgekehrte Köhler kläglich wie eine kranke Ziege.

Die Polizisten schenkten ihm keine Beachtung und wollten in den Ofen kriechen, aber Ginzo hielt sie auf.

»Wartet, ich glaube nicht, dass ihr so graben könnt.«

Er wandte sich an den Köhler. »Das ist dein Meiler, nicht wahr?«

»Äh … ja.«

»Wir werden dich natürlich später entschädigen, aber die Abdeckung muss weg.«

Damit meinte er das Dach des Kohlenmeilers.

»Ich, äh … Egal, macht mir nichts aus, aber eine Leiche? Da drin? Das kann doch nicht wahr sein!«

Der Köhler sah aus, als würde er jeden Moment in Tränen ausbrechen. Ein Dorfpolizist und Kimura machten sich daran, das Dach des Ofens einzuschlagen. Es handelte sich um eine einfache, laienhafte Lehmkonstruktion, so dass dies kein sonderlich schwieriges Unterfangen war. Sobald genügend Licht in den Ofen fiel, krochen die beiden Polizisten hinein und fingen an zu graben. Kommissar Isokawa, Kosuke und Ginzo sahen von oben zu.

Bald schon kam ein grässlich verfärbtes männliches Bein zum Vorschein.

»Ihh, der ist ja nackt«, rief der junge Kimura angewidert.

»Kindaichi! Wer ist das? Hat diese Leiche etwas mit unserem Fall zu tun?«, rief Isokawa.

»Das ist doch jetzt erst mal egal. Wir werden es schon noch erfahren.«

Die Leiche lag auf dem Rücken. Nach und nach legten die Polizisten den ausgemergelten Bauch frei und arbeiteten sich dann zum Brustbereich vor. An dieser Stelle stieß der Polizist einen Schrei aus.

»Verflucht! Er wurde wirklich ermordet. Sehen Sie sich diese Stichwunde an.«

»W-w-was? Wie kommt denn das?« Diesmal war es Kosuke, der erschrocken aufsprang.

»Ko-san«, sagte Ginzo, »es kann dich doch nicht überraschen, dass dieser Mann ermordet wurde?«

»Ich … ich … n-n-nein, aber warum zum Teufel …«

»Macht schon, ihr zwei, grabt das Gesicht aus!«, befahl Kommissar Isokawa, und die Polizisten gruben hastig um den Kopf der Leiche herum.

»Chef!«, rief Kimura. »Er ist es. Der Kerl mit der Narbe! Sehen Sie hier in seinem Gesicht? Das ist der Mann mit den drei Fingern!«

Isokawa reckte den Hals, um das Gesicht der Leiche zu betrachten. Fast fielen ihm die Augen aus dem Kopf. Kein Irrtum möglich. Das grausige Gesicht des Toten mit der langen genähten Narbe, die von seiner Oberlippe über die rechte Wange verlief, war unverkennbar. Es sah wirklich aus, als hätte jemand dem Mann die ganze Wange aufgeschlitzt.

»Kindaichi, das kann doch nicht sein! Los, ihr beiden, grabt seine rechte Hand aus.«

Sie gruben, und diesmal schrien alle drei im Chor, Kimura, der Dorfpolizist und Kommissar Isokawa. Der Leiche fehlte die rechte Hand. Jemand hatte sie am Gelenk abgetrennt.

»Kindaichi!«

»Keine Sorge, Kommissar. Das passt genau ins Bild. Hier, bitte, für Sie, mein Mitbringsel.«

Isokawa durchbohrte Kosuke schier mit dem Blick seiner blutunterlaufenen Augen. Dann beäugte er das Taschentuchbündel.

»Machen Sie es auf. Ich habe es im Grab der Katze gefunden.«

Zweifellos ahnte Kommissar Isokawa nach dem Betasten des Päckchens bereits, was es enthielt. Er holte tief Luft, knotete mit zitternden Fingern das Taschentuch auf, schnitt die Schnur durch und faltete das Wachspapier auseinander, in dem sich die am Handgelenk abgetrennte rechte Hand eines Mannes befand. Sie hatte nur drei Finger: Daumen, Zeige- und Mittelfinger.

»Hier haben wir den Stempel für die blutigen Fingerabdrücke, Kommissar.«

14 Kosukes Experiment

An diesem Abend löste Kosuke Kindaichi das Rätsel um die Honjin-Morde mithilfe eines verblüffenden Experiments.

Kosuke sprach eine besondere Einladung an Dr. F. aus und bat ihn um seine Unterstützung. Der Arzt machte sich ausführliche Notizen über das, was sich an diesem Abend abspielte, und ich bin so frei, diese hier wörtlich zu zitieren. Aus dem Memorandum des Doktors geht hervor, dass er ein gelassener Mensch und durch nichts so leicht zu erschüttern war, was sich bei einem Arzt vielleicht von selbst versteht. Dennoch spiegeln Dr. F.s Aufzeichnungen mehrmals sein Erstaunen angesichts des abenteuerlichen Verlaufs dieser Geschichte wider.

Daher werde ich mich bemühen, die persönlichen Bemerkungen des Arztes weitgehend beiseitezulassen und vor allem seine sachlichen Beobachtungen wiederzugeben.

AUSZUG AUS DEM MEMORANDUM VON DR. F., TEIL I

Bald nachdem die Leiche des Mannes mit den drei Fingern ausgegraben worden war, erhielt ich eine Einladung von Kosuke Kindaichi. Der sonderbare junge Detektiv teilte mir mit, er beabsichtige, am selben Abend auf dem Anwesen der Ichiyanagis ein Experiment durchzuführen.

Nach Auffindung der Leiche hatte ich umgehend eine Obduktion vorgenommen. Anschließend hatte Kindaichi-san mich gebeten, meine Ergebnisse, seien sie auch noch so verblüffend, erst nach Beendigung seines Experiments offenzulegen. Seine Bitte überraschte mich. Bei der Obduktion hatte sich tatsächlich etwas sehr Unerwartetes herausgestellt. Damals war mir noch völlig unklar, warum ich meine Ergebnisse nicht preisgeben sollte. Den Grund dafür begriff ich erst später an diesem Abend.

Abgesehen davon konnte ich den jungen Mann mit seiner erstaunlichen Beobachtungsgabe und seiner fast unheimlichen Fähigkeit zu logischem Denken nur bewundern. Nach allem, was ich gehört hatte, war die Polizei nicht zufällig auf die Leiche gestoßen. Kindaichi hatte den Beamten mitgeteilt, wo sie graben mussten. Offenbar hatte er gewusst, dass der Mann mit den drei Fingern bereits tot und verscharrt war. Also muss der außergewöhnliche Umstand, den meine Obduktion ergab, ihm ebenfalls schon bekannt gewesen sein.

Der junge Detektiv war für mich trotz seines unbeholfenen Auftretens, zerzausten Haarschopfs und Gestotteres eine Art Genie, weshalb ich seiner Aufforderung ohne das geringste Zögern nachkam. Ich war äußerst gespannt und freute mich darauf, Zeuge seines Experiments werden zu dürfen.

Wie vereinbart, traf ich gegen 21 Uhr in der Residenz der Familie Ichiyanagi ein, wo man mich sogleich in das Nebengebäude geleitete. Herr Kimura, der Assistent des Kommissars, bewachte das Gartentor, welches es vom übrigen Anwesen trennt, verließ jedoch seinen Posten, um mich zum Eingang zu begleiten. Sämtliche Läden waren geschlossen. In dem berüchtigten Tatamizimmer, in das Kimura mich führte, saßen bereits vier Männer wortlos rauchend um das Holzkohlebecken herum: Kosuke Kindaichi, Kommissar Isokawa, Ginzo Kubo und, als einziger Vertreter der Familie Ichiyanagi, der zweitälteste Sohn Ryuji. Der Anblick ihrer blassen und angespannten Gesichter vermittelte mir den Eindruck, dass der letzte Akt des Dramas unmittelbar bevorstand.

Sobald Kindaichi-san meiner ansichtig wurde, drückte er seine Zigarette in der Feuerstelle aus.

»Gut, alle sind da, das Experiment kann beginnen«, sagte er und sprang auf die Füße. »Da sich das Verbrechen gegen vier Uhr morgens ereignet hat, ist es eigentlich zu früh für unser Experiment, aber ich möchte Sie nicht allzu lange warten lassen. Fangen wir also an. Der verfrühte Beginn erfordert allerdings einige unvermeidliche Anpassungen bei unserer Nachstellung des Verbrechens. Ich bitte Sie um Nachsicht.«

Kindaichi steckte sich zwei Finger in den Mund und stieß einen schrillen Pfiff aus. Sogleich ertönte Getrappel. Jemand rannte offenbar außerhalb der Läden auf dem Engawa von der Ost- auf die Westseite des Gebäudes. Wir wechselten bestürzte Blicke, aber Kindaichi lächelte.

»Aber was haben Sie denn? Das ist nur Kimura. Ich habe ihn gebeten, nun eine der gerade erwähnten Anpassungen zu veranlassen.«

Herr Kindaichi begab sich zu dem Wandschirm, der vor der

Tokonoma stand, und schob ihn beiseite. Angesichts der lebensgroßen Strohpuppe, die dahinter zum Vorschein kam, erhob sich erstauntes Gemurmel.

»Genshichi hat sie für mich angefertigt. Genau genommen hielten sich in der Mordnacht zwei Personen im Raum auf, aber für unser Experiment muss diese eine ausreichen. Ansonsten bitte ich Sie alle, noch einmal gründlich darauf zu achten, ob im Zimmer alles genauso ist wie in jener Nacht. Zum Beispiel, ob der Spalt in der Shoji auf der Westseite oder die Position des Wandschirms korrekt sind. Letzterer befand sich auf dieser Seite der Leichen, nicht wahr?«

Kindaichi schob mithilfe von Kommissar Isokawa den Wandschirm dorthin, wo er sich in der Mordnacht befunden hatte. Dann signalisierte er uns zu schweigen. Anfangs verstand ich nicht, was er damit bezweckte, doch als es ganz still im Raum war, hörte ich die Wassermühle. Sie war gerade erst in Gang gesetzt worden, und ihr regelmäßiges Knarren erzeugte eine deutlich vernehmbare Geräuschkulisse. Wir sahen uns an.

»Kimura hat die Einlaufrinne für uns geöffnet. Wie Sie vermutlich wissen, dreht das Rad sich nicht immer. Für gewöhnlich ist der Zufluss blockiert und wird nur geöffnet, um das Rad anzutreiben, wenn die Mühle in Gebrauch ist. Aber neuerdings ist Shukichi, der den Reis schält, tagsüber so beschäftigt mit anderen landwirtschaftlichen Arbeiten, dass er die Mühle erst gegen vier Uhr morgens in Gang setzen kann. Mit anderen Worten, das Wasserrad dreht sich jeden Morgen nach vier Uhr.«

Noch im Reden lief Kosuke Kindaichi auf den Engawa hinaus und kehrte sogleich mit einem entblößten Schwert in der einen und zwei Schnüren oder so etwas in der anderen Hand zurück.

»Dieses Katana war in dem Wandschrank hinter der Tokonoma versteckt. Und die Schnur – ja, das ist eine Koto-Saite!«

Er legte die Saite über die obere Kante des Wandschirms ins Zimmer. Bei genauerem Hinsehen erkannte ich, dass er die Saite doppelt genommen hatte, weshalb es so ausgesehen hatte, als hielte er zwei Schnüre. Er schlang die Schlaufe um den Schwertgriff und führte sie durch das Stichblatt.

»Herr Kommissar, könnten Sie mir jetzt bitte die Puppe bringen?«

Kommissar Isokawa reichte Kindaichi die Strohpuppe, der sie, am Wandschirm stehend, mit der linken Hand ergriff.

Zu Beginn des Experiments hatte die doppelte Koto-Saite schlaff über dem Wandschirm gehangen, doch nun sahen wir mit angehaltenem Atem, dass sie sich bewegte, als stünde jemand hinter dem Wandschirm und zöge daran. Herr Ginzo riss die Augen auf.

»Die Wassermühle!«

Plötzlich war die Koto-Saite straff gespannt. Das Schwert schwebte über den Wandschirm, Herr Kindaichi zog es zu sich und durchbohrte die Brust der Puppe.

Kommissar Isokawa, Ginzo und Ryuji saßen mit geballten Fäusten da und stöhnten. »Verdammt noch mal!«

Kindaichi ließ das Schwert und die Strohpuppe los. Die Puppe fiel zu Boden, und das Schwert blieb noch einige Augenblicke über dem Wandschirm hängen, bevor es dahinter verschwand. Im nächsten Moment war zu hören, wie es gegen den Laden schlug.

Wir rannten hinaus auf den Umgang. Die Koto-Saite hing durch die Ranma ins Zimmer und wurde mit jeder Umdrehung des Wasserrads weiter durch den Spalt zwischen Ast und Türsturz gezogen – und mit ihr das Schwert. Kurzzeitig blieb das Stichblatt an einer Ecke der Ranma hängen, gelangte jedoch nach einigen weiteren Umdrehungen durch den Spalt ins Freie. Zugleich fiel mit einem leisen Geräusch etwas zu Boden. Kindaichi hob es auf und zeigte es Ginzo.

»Sieh her. Es ist ein Handtuch wie das, das du auf dem Engawa gefunden hast, als ihr in jener Nacht den Laden aufgebrochen habt. Es diente dazu, die Ranma vor einer Beschädigung durch das Schwert zu schützen.«

Kindaichi schob den Laden auf, und wir stürzten, ohne zu zögern, barfuß in den Garten, wiewohl es so kalt war.

Der Mond war gerade aufgegangen, und es war nicht besonders dunkel. Das Schwert baumelte lose vor uns in der Luft. Die um den Griff geschlungene Saite verlief nun in zwei verschiedene Richtungen, einmal links durch die Steinlaterne nach Westen. Der andere Teil der Saite führte zum Dach der Toilette, das Kindaichi nun mit seiner Taschenlampe anleuchtete.

»Nein! Der Koto-Steg!«, schrie Kommissar Isokawa.

Der Steg war an einer Ecke des Dachvorsprungs über der Toilette befestigt und diente als Führung für die Saite. Das sich drehende Wasserrad spulte die Saite auf, bis sie straff zwischen der Steinlaterne und dem Koto-Steg auf dem Dach gespannt war und – unnötig, es zu erwähnen – das Schwert genau in der Mitte hing.

»Als Stütze dienten also die Laterne und der Koto-Steg«, erklärte Kosuke Kindaichi. »Das schwächere Glied wird dem Druck des Wasserrads nachgeben.«

Die Wassermühle knarrte, und die Saite wurde immer straffer, bis der Koto-Steg vom Dach flog und die Saite kurz erschlaffte.

»Herr Kommissar, würden Sie bitte nach dem Steg suchen? Er ist vermutlich in den Laubhaufen gefallen.«

Der Kommissar entdeckte ihn auf Anhieb unmittelbar daneben.

Unterdessen spannte sich die erschlaffte Saite erneut, und Kindaichi leuchtete jetzt mit seiner Taschenlampe den Stamm des Kampferbaums an.

»Die Sichel …«

Tatsächlich verlief die Koto-Saite zwischen den Blättern über die geschärfte, in den Baumstamm gerammte Sichel.

Kindaichi leuchtete nun hinter den Kampferbaum.

»Achten Sie auf den weiteren Verlauf der Saite.«

Die Saite verlief in nordwestlicher Richtung und drückte einige Bambusstauden auf dem Hang nach unten. Zwischen Sichel und Steinlaterne war sie wieder straff gespannt. Das Schwert hing noch immer dort, war allerdings jetzt viel näher an der Laterne als vorher.

»Nun erweitern wir Wasserrad, Steinlaterne und Sichel um eine weitere Größe, nämlich die Widerstandskraft der Koto-Saite. Welches ist Ihrer Meinung nach das schwächste Glied in dieser Kette?«

Wie zur Antwort schnalzten die Bambusstauden plötzlich zurück. Die Saite war mit einem lauten Sirren von der Sichel durchtrennt worden. Das Schwert wurde nach oben geschleudert, drehte sich kurz in der Luft und bohrte sich schließlich am Fuß der Steinlaterne in die Erde.

»Was sagst du dazu, Onkel? Das ist doch ungefähr die Stelle, an der du das Schwert in jener Nacht gefunden hast?«

Niemand antwortete. Nur unser verblüfftes Keuchen war in der Dunkelheit zu hören. Aller Augen waren auf das noch in der Erde vibrierende Schwert gerichtet.

»Sollen wir mal nachsehen, wo die Saite geblieben ist?«

Wir blickten auf, als bemerkten wir erst jetzt, dass Kindaichi noch immer zu uns sprach. Dann gingen wir einer nach dem anderen an dem Schwert vorbei tiefer in den Garten hinein. Die Enden der durchtrennten Saite schleiften durch die Äste, bis sie schließlich an der großen Kiefer mit dem schwer herabhängenden Ast in einem der Bambusrohre verschwanden, die diesen stützten.

»Ich glaube, wir haben genug gesehen. Die Saite wurde durch den ausgehöhlten Bambus gefädelt und an der Achse des dahinterliegenden Wasserrads befestigt, wo sie durch ein dickes Seil verdeckt ist, so dass niemand sie je bemerkt hätte.«

Ginzo stöhnte laut auf. Der Kommissar schnalzte mit der Zunge und fluchte. Wir machten kehrt und gingen zum Haus zurück. Dort angekommen, blieb Ryuji auf einmal stehen.

»Aber der Koto-Steg …«, murmelte er. »Wozu war der überhaupt nötig?«

»Um sicherzustellen, dass das Schwert nicht über den Boden geschleift wurde. Schauen Sie. Die Entfernung zwischen der Ranma und dem Kampferbaum ist ein wenig zu groß. Deshalb hat der Täter sich etwas überlegt, das dem Gewicht des Schwertes standhielt und verhinderte, dass es Spuren im Schnee hinterließ. Dem wollte er vorbeugen. Mit dem geschickten Einsatz nicht nur des Steges, sondern auch der Bambusstütze und des Wandschirms sorgte der Täter dafür, dass keine Spuren auf den Tatami oder der Erde zurückblieben. Wandschirm, Sichel, Steinlaterne, Bambus – alles Dinge, die am Tatort nicht auffallen würden.

Hierin zeigt sich die besondere Genialität des Mörders, nicht wahr? Das einzige Element, das fehl am Platz wirkte, war der Koto-Steg. Andererseits trug gerade er dazu bei, den ganzen Fall noch mysteriöser erscheinen zu lassen. Wir haben es hier offenbar mit einer Person von überdurchschnittlicher Intelligenz zu tun.«

Das Experiment war beendet, und wir kehrten in das große Tatamizimmer zurück. Wieder im Hellen fiel mir auf, dass alle außer Kindaichi sehr bleich waren.

15 Eine Familientragödie

Auszug aus dem Memorandum von Dr. F., Teil II

»Nun? …«

Eine Weile saßen wir schweigend um die Feuerstelle herum.

Kindaichi sah Herrn Ginzo ermutigend an, bis dieser endlich etwas murmelte. Sein düsterer Tonfall erinnerte mich an den dumpfen Aufprall eines Kieselsteins in einem ausgetrockneten Brunnen. Der Kommissar beugte sich vor.

»Das bedeutet wohl, dass Herr Kenzo Selbstmord begangen hat?«

»Ja, so ist es.«

»Er hat Katsuko getötet und dann sich selbst«, sagte Herr Ginzo mit schmerzerfüllter Stimme.

Ryuji schwieg mit hängendem Kopf.

»Ja, so muss es gewesen sein«, sagte Kindaichi. »Deshalb habe ich Dr. F. zu uns gebeten. Herr Doktor, Sie waren der Erste, der die beiden Toten untersucht hat. Bitte sagen Sie uns etwas über Kenzos Verletzungen und die Lage seines Körpers. Passen sie zu den Ergebnissen unseres gerade durchgeführten Experiments?«

»Wenn Sie mich fragen, ob es möglich ist, dass er an mehreren Stellen seines Körpers verwundet wurde, bevor er sich das Herz durchbohrt hat, würde ich sagen, dass dies bei der Art der

Konstruktion, die wir gerade gesehen haben, durchaus möglich ist«, erklärte ich.

»Sie erkennen also keine Ungereimtheiten oder Widersprüche?«

»Nein, keine, aber die Frage ist doch: Warum hätte Herr Kenzo so etwas tun sollen?«

»Er hat recht, Kindaichi«, sagte Kommissar Isokawa. »Warum sollte Kenzo eine solch abscheuliche Tat begehen? Seine Braut und sich selbst in der Hochzeitsnacht töten? Das ist undenkbar. Aus welchem Grund denn, zum Teufel?«

»Können Sie sich das nach unserem Gespräch mit Shizuko Shiraki heute Morgen nicht denken, Herr Kommissar? Die unmittelbare Ursache für seine Tat ist vermutlich der Umstand, dass Katsuko keine Jungfrau mehr war.«

Der Kommissar funkelte Kindaichi böse an.

»Aber, so eine Bagatelle …«, stieß er zwischen den Zähnen hervor. »Weil eine Frau keine Jungfrau ist! Wenn ihn das gestört hat, hätte er die Verlobung doch lösen können!«

»Sie glauben also, das Gespött der Leute hätte ihm nichts ausgemacht? Sie mögen recht haben. Ein normaler Mensch wäre wahrscheinlich eher in der Lage gewesen, das zu ertragen, als eine solche Tat zu begehen. Aber nicht Kenzo, und darin liegt die Ursache für diese schreckliche Tragödie.«

Kindaichi hielt kurz inne, bevor er langsam weitersprach.

»Herr Kommissar, der Trick, den ich Ihnen gerade vorgeführt habe, bedeutet gar nichts. Wenn man einmal weiß, wie er funktioniert, ist er ein Kinderspiel. Der wahre Schrecken dieses Falls liegt nicht im Wie, sondern im Warum, und um das zu begreifen, muss man Kenzo als Mensch verstehen, seine Persönlichkeit und vor allem die Atmosphäre in der Familie, in der er aufgewachsen ist.«

Der Detektiv wandte sich Ryuji zu.

»Als sein nächstjüngerer Bruder haben Sie ihn wahrscheinlich am besten gekannt. Bitte, korrigieren Sie mich, wenn ich etwas Falsches sage. Ich habe letzte Nacht Kenzos sämtliche Tagebücher gelesen. Mehr noch als ihr Inhalt interessierte mich allerdings die Art und Weise, wie er mit ihnen umgegangen ist. Ein Tagebuch ist etwas, das man für gewöhnlich mindestens einmal am Tag aufschlägt, also etwa dreihundertfünfundsechzig Mal im Jahr. Auch wenn man es noch so pfleglich behandelt, löst sich irgendwann der Einband, und die eine oder andere Seite erhält ein Eselsohr. Vielleicht kommt auch hier und da ein Fleck, ein Tintenklecks oder Fingerabdruck dazu. Doch nichts von alledem in Kenzos Tagebüchern. Sie sind makellos, sehen aus wie frisch aus der Buchbinderei. Aber falls Sie glauben, dies läge daran, dass er das Schreiben vernachlässigt hätte, sind Sie im Irrtum. Das Gegenteil war der Fall, er führte seine Tagebücher peinlich genau. Seine Handschrift war wie gestochen, ausnahmslos jedes Zeichen und jeder Federstrich waren exakt ausgeführt. Der Anblick seiner akribischen, schönen Schrift nahm mir regelrecht den Atem. Sie vermittelt ein Bild davon, wie hochsensibel und anspruchsvoll Kenzo war. Als ich das Dienstmädchen Kiyo hinsichtlich der Persönlichkeit ihres Herrn befragte, erzählte sie mir, einmal sei im Winter ein Besucher ins Haus gekommen, und sie habe ein Kohlebecken ins Zimmer gestellt, das der Gast irgendwann versehentlich mit der Hand streifte. Nachdem er gegangen war, ließ Kenzo ihr keine Ruhe, bis sie die Stelle mit Alkohol desinfiziert hatte. Dies ist mehr als Reinlichkeit. Ein solches Verhalten ist nur als krankhaft zu bezeichnen. Vermutlich waren für Kenzo alle anderen Menschen schmutzig und unrein. Seine Tagebücher offenbarten mir noch weitere persönliche Eigenheiten. Er durchlebte anscheinend heftige emotionale Höhen und Tiefen und schwankte ständig zwischen den Extremen. Seine übersteigerten Vorstellungen von Liebe und Hass waren alles andere als normal. Mir fehlen die Begriffe, um die Schwere seines Falls zu schildern. Als ich erkannte, wie schnell er mit dem Wort ›Todfeind‹ bei der Hand war, wurde mir vieles klar. Ungewöhnlich war auch sein unbeugsamer Gerechtigkeitssinn. Unter normalen Umständen gilt so etwas vielleicht als Tugend, aber in Kenzos Fall war es ein Charakterfehler. Er war unbarmherzig bis zum Äußersten und zu keinem Kompromiss fähig. Er war hart zu sich selbst, aber absolut gnadenlos zu anderen, sobald er sie bei der kleinsten Unehrlichkeit ertappte. Zu allem Überfluss war er Großgrundbesitzer von Geburt und musste über eine ganze Gemeinde herrschen. Diese Aufgabe stand in drastischem Widerspruch zu seinem Sinn für Gerechtigkeit und seiner tiefen Abneigung gegen feudalistische Vorstellungen und Praktiken. Paradoxerweise konnte er sich, bei allem Abscheu gegen dieses System, so hochmütig aufführen wie kein anderes Mitglied der Familie, denn er war ja ihr Oberhaupt, Erbe eines Honjin und Großgrundbesitzer, und er war unsagbar beleidigt, wenn jemand ihm den gebührenden Respekt verweigerte. Mit anderen Worten, Kenzo war ein Mensch voller unauflösbarer Widersprüche.«

Ryuji hatte bei Kosuke Kindaichis Ausführungen die ganze Zeit schweigend zu Boden geblickt. Das Ausbleiben jeglicher Einwände seinerseits schien zu bestätigen, was der Detektiv sagte. Als sein Arzt hatte ich Kenzo recht gut gekannt und war der Ansicht, dass Herr Kindaichi ein ziemlich stimmiges Porträt des Mannes entwarf.

Er fuhr folgendermaßen fort:

»Ein solcher Mensch hat keine andere Wahl, als allein zu bleiben, denn er kann niemandem trauen außer sich selbst. Wahrscheinlich betrachtete Kenzo sogar alle anderen als Feinde, und diese Haltung war besonders ausgeprägt gegenüber seinen nächsten Verwandten. Täglichen Umgang hatte er in erster Linie mit seiner Mutter, seinem Cousin Ryosuke, seinem jüngsten Bruder Saburo und schließlich seiner Schwester Suzuko. Die beiden Letzteren sind noch sehr jung, also steht zu vermuten, dass er die meisten Schwierigkeiten mit seiner Mutter und besonders seinem Cousin Ryosuke hatte. Auch Ryosuke ist ein interessanter Charakter. Auf den ersten Blick scheint er eine ganz andere Persönlichkeit zu haben als Kenzo. Oberflächlich betrachtet wirkt er sanftmütig, unbekümmert, ja beinahe leichtlebig, ein Mann also, mit dem gut auszukommen ist. Gräbt man jedoch ein wenig tiefer, stellt man fest, dass er sich gar nicht so sehr von Kenzo unterscheidet. Er ist ziemlich unbeherrscht und jähzornig. Aus den Tagebüchern geht hervor, wie viel Ungemach Ryosuke und Itoko Kenzo bereiteten und wie sehr sie ihm auf die Nerven fielen. Der einzige Grund, aus dem es nie zu einem offenen Streit kam, war Kenzos Selbstbeherrschung, auf die er sich viel einbildete und die er als Merkmal seiner guten Erziehung betrachtete. Ryosuke wusste das und versuchte mit gespielter Unschuld ständig, Kenzo aus der Fassung zu bringen. Dann lernte dieser sehr zum Verdruss seiner Mutter und seines Cousins Katsuko kennen. Ich muss wohl niemanden daran erinnern, wie groß der Widerstand gegen Kenzos Verlobung mit ihr war. Er zwang seine Familie, sie zu akzeptieren, so dass die Hochzeit schließlich stattfinden konnte. Kurz davor gestand Katsuko ihrem zukünftigen Gatten, dass sie einst einen Liebhaber gehabt hatte und keine Jungfrau mehr war. Doch das war nicht alles. Sie gab zu, diesem Mann kürzlich, wenn auch nur zufällig, wiederbegegnet zu sein. Wie mag Kenzo diese Nachricht aufgenommen haben?«

Kindaichi unterbrach sich, doch niemand äußerte auch nur ein Wort. Der Kommissar, Ginzo und Ryuji verharrten in düsterem Schweigen.

»Ich glaube, Kenzo fühlte sich zu Katsukos Intelligenz, ihrer Fröhlichkeit und Gelassenheit sowie ihrer Tüchtigkeit hingezogen. Aber den größten Reiz übten wohl ihre Reinheit und Tugend auf ihn aus. Reinheit war stets von höchster Bedeutung für Kenzo. Und dann musste er kurz vor seiner Hochzeit feststellen, dass sie bereits mit einem anderen Mann geschlafen hatte. Für ihn war es, als flösse das Blut dieses anderen in ihr. Ich habe Ihnen ja gerade erzählt, dass Kenzo ein Kohlebecken, das ein Gast versehentlich berührt hatte, mit Alkohol desinfizieren ließ. Und jetzt das! Ein anderer Mann! Für Kenzo waren alle anderen Menschen schmutzig. Die Frau, die er im Herzen trug, die Frau, die er in sein Bett holen und in seinen Armen halten wollte … Gewiss packte ihn allein bei diesem Gedanken das kalte Grauen. Er musste die Verlobung lösen, was aber leider für ihn nicht infrage kam.

Vor seinen verachteten Verwandten einen Rückzieher zu machen und die Verlobung zu lösen war für ihn, als würde er in der Schlacht seinen Helm abnehmen und vor dem Feind kapitulieren. Natürlich hätte er Katsuko nur nominell zur Frau nehmen und die Familie täuschen können, aber das war aus einem bestimmten Grund ebenfalls ausgeschlossen. Wenige Tage vor der Hochzeit war Katsuko dem Mann namens Taya in einem Kaufhaus in Osaka wiederbegegnet. Wir kennen diesen Taya nicht, und Kenzo wusste natürlich auch nicht, wozu er fähig wäre. Allerdings konnte Taya durchaus ein Typ sein, der von Kenzo Geld für sein Schweigen erpressen würde. Es gab keine Garantie, dass dies nicht geschehen würde. Man stelle sich vor, Kenzo hätte Katsuko pro forma geheiratet und die Wahrheit verschwiegen. Und dann wäre dieser Taya aufgetaucht. Welche Schande!

Kenzo entschied also, dass er dieses Risiko nicht eingehen konnte. Dennoch war es ihm gewiss nicht nur um die Lösung dieses vordergründigen praktischen Problems zu tun. Sein Mordmotiv lag wesentlich tiefer, nämlich in seiner Psyche begründet. Er muss Katsuko wie rasend gehasst haben, weil sie ihn in diese aussichtslose Lage gebracht hatte. Diese gefallene Frau wollte seine rechtmäßige Gemahlin werden! Allein der Gedanke muss ihn in unbeschreibliche Wut versetzt haben.

Doch durch seine fast krankhafte Fähigkeit zur Selbstbeherrschung gelang es ihm, seinen Hass und seine Wut vollständig vor Katsuko zu verbergen. Der unbezähmbare Zorn, der sowohl seinen Vater als auch seinen Onkel getötet hatte, brodelte tief in seinem Inneren und nagte unaufhörlich an seinem Herzen, bis er schließlich in Gestalt dieses ausgefeilten finsteren Plans hervorbrach. Das Motiv für seine selbstzerstörerische Tat ist für normale Menschen unverständlich, aber in den Augen dieses stolzen Nachkommen einer Honjin-Familie war daran nichts Unnatürliches. Nein, der Mord war unvermeidlich, und es gab keinen anderen Weg als diese abgefeimte Methode. Um den Schein zu wahren, musste Kenzo heiraten, nachdem er so hartnäckig auf der Hochzeit mit Katsuko bestanden hatte, auch wenn er durchaus nicht die Absicht hatte, jemals ein Eheleben zu führen. Doch der einzige Zeitpunkt, zu dem er Katsuko und sich selbst töten konnte, war ihre Brautnacht.«

»Dann war es also ein Doppelselbstmord?«

»Ein Selbstmord aus Liebe? Nein, das war es bestimmt nicht. Es war ein ganz normaler Mord, begangen aus Niedertracht, zudem Hass und Wut auf Katsuko, weil sie Kenzo in diese ausweglose Situation gebracht hatte. Katsuko zu töten war eigentlich die geringste Schwierigkeit bei seinem Plan. Aber bei seiner Intelligenz muss ihm klar gewesen sein, dass sein Verbrechen, auch wenn er es noch so geschickt anstellte, irgendwann ans Licht kommen würde. Nein, ein Mann mit seinem Gerechtigkeitssinn konnte nicht in dem Wissen leben, ein Mörder zu sein. Dazu kannte Kenzo sich selbst zu gut.

Lieber tötete er sich, als dass die Polizei ihn überführen und seine Tat sein Gewissen belasten könnte, obwohl er momentan noch überzeugt war, das Richtige zu tun. Das heißt, unser Fall nimmt den umgekehrten Verlauf als gemeinhin in Detektivgeschichten üblich. Im Normalfall geschieht erstens der Mord, zweitens ermittelt die Polizei oder ein Privatdetektiv und drittens begeht der Mörder Selbstmord, nachdem er überführt worden ist. In unserem Fall wurden die Schritte zwei und drei vertauscht. Der Mörder hatte sich bereits umgebracht, bevor unsere Ermittlungen begannen, aber wir dürfen es uns nicht zu einfach machen. Kenzo wollte uns von Anfang an überzeugen, dass er nicht schuld an Katsukos Tod sei. Er hat sogar versucht, seinen eigenen Selbstmord wie einen Mord aussehen zu lassen. Das erscheint mir besonders perfide.«

»Er wollte sich nicht mit einer gescheiterten Hochzeit und einem Selbstmord vor seiner Familie und besonders nicht vor Ryosuke blamieren, nicht wahr?«

»Ja, ganz recht. Alles, was an diesem Fall so rätselhaft war, ist im Grunde auf den Dünkel dieser Honjin-Erben zurückzuführen. Letztendlich handelt es sich hier um eine Familientragödie.«

16 Die Generalprobe

Auszug aus dem Memorandum von Dr. F., Teil III

Lange sagte niemand ein Wort. Im ganzen Haus gab es nur ein einziges Kohlebecken, und die Kälte drang uns allmählich bis ins Mark. Doch waren noch zu viele Fragen offen, um dem Gespräch schon ein Ende zu setzen. Der Kommissar schrieb Kanji in die Asche, löschte sie wieder, schrieb, wischte aus … Schließlich sah er auf.

»Nun, das erklärt mehr oder weniger, warum das alles passiert ist, aber den genauen Hintergrund kennen wir dennoch nicht. Wie kann man nur auf eine solche Idee kommen? Können Sie uns dazu etwas sagen, Kindaichi-san?«

Dieser kratzte sich sogleich vergnügt grinsend am Kopf, wie er es immer tat.

»Nun gut. In diesem Fall ist der Mann, der alles geplant hat, bereits tot, und es wird kein Geständnis geben. Damit bleibt uns nichts anderes übrig, als unsere Phantasie zu bemühen. Zum Glück sind alle, die hier versammelt sind, mit dem Fall sehr vertraut. Lassen Sie uns noch einmal ganz von vorne anfangen.«

Kindaichi zog ein kleines Notizbuch aus der Tasche und schlug es auf seinem Schoß auf.

»Das Erste, was mir auffiel, war, wie stark dieser Fall an

einen Kriminalroman erinnerte. Da waren der Mord in dem verschlossenen Zimmer, der Mann mit den drei Fingern, die Klänge der Koto, das Foto im Album und die verbrannten Tagebuchseiten. All diese Elemente hätten einem Roman entstammen können. Wären es nur zwei Punkte gewesen, hätte ich das vielleicht für einen Zufall gehalten, aber hinter all diesen sorgfältig platzierten Spuren konnte nur eine bewusste Absicht stecken. Dann stieß ich auf Saburos Kriminalromane. Wissen Sie noch, Herr Kommissar, wie aufgeregt ich war, als ich seine Sammlung entdeckte?«

Kommissar Isokawa nickte.

»Der Trick, um den es in unserem Fall geht, nämlich einen Selbstmord wie einen Mord aussehen zu lassen, kommt häufig in Kriminalromanen vor. Das berühmteste Beispiel ist wohl *Das Rätsel der Thor-Brücke*, eine Sherlock-Holmes-Geschichte. Um ihren Selbstmord wie einen Mord aussehen zu lassen, musste die Täterin dafür sorgen, dass die Waffe so weit entfernt wie möglich von ihrer Leiche landete. Also befestigte sie eine Schnur an dem Revolver – die Waffe in dieser Geschichte – und knotete das andere Ende um einen schweren Stein. Sie stellte sich auf die Balustrade der Thor-Brücke und schoss sich in den Kopf. Sobald der Revolver ihrer Hand entglitt, zog das Gewicht des Steins ihn auf den Grund des Flusses. Ich glaube, Kenzo kam die Idee für seinen Plan, nachdem er diese Geschichte gelesen hatte. Ein Beleg dafür wäre, dass die Geschichte sich in Saburos Sammlung befand und im Gegensatz zu anderen Büchern einige Seiten darin markiert sind.«

»Aha«, sagte Ryuji. »Aber welche Rolle spielte Saburo bei der ganzen Geschichte?«

Er sah besorgt aus, aber Kindaichi grinste nur und kratzte sich am Kopf.

»Warten Sie bitte einen Moment. Ich weiß, es ist wichtig für Sie zu erfahren, welche Rolle Ihr jüngerer Bruder in dem ganzen Debakel gespielt hat, aber wenn Sie gestatten, komme ich später darauf zurück. Es genügt festzuhalten, dass Saburo, als Kenzo seinen Plan ausbrütete, absolut nichts davon wusste. In Anbetracht von Kenzos Persönlichkeit ist es sehr unwahrscheinlich, dass er bei einem so entscheidenden Unterfangen jemanden – ganz zu schweigen von seinem jüngeren Bruder – um Hilfe gebeten hätte. Behalten Sie dies also im Hinterkopf, während wir die Entwicklung des Plans verfolgen. Wie gesagt, möchte ich den Fall noch einmal ganz von vorn aufrollen.«

Kindaichi warf einen Blick in sein Notizbuch.

»Der erste Akt unseres Dramas beginnt am frühen Abend des 23. November, also zwei Tage vor Kenzos Hochzeit. Es war ebenfalls der Tag, an dem der geheimnisvolle Mann mit den drei Fingern im Wirtshaus Kawada in O. auftauchte. Von dem Moment an nahm das Verhängnis seinen Lauf bzw. nahm der Plan Gestalt an.«

Der Kommissar beugte sich vor.

»Wirklich? Aber in welcher Beziehung steht der Mann mit den drei Fingern zur Familie Ichiyanagi?«

»Dieser Mann, Herr Kommissar, hatte nicht das Geringste mit den Ichiyanagis zu tun. Er war einfach ein Wanderer auf der Durchreise.«

»Aber, Ko-san«, Ginzo runzelte die Stirn. »Er hat die Okamisan doch nach dem Weg zum Anwesen der Ichiyanagis gefragt.«

»Ja, schon, aber wissen wollte er eigentlich nur den Weg ins Dorf H. Erinnern Sie sich, Herr Kommissar, dass ich heute Morgen in K. an dem Tabakstand auch danach fragte?«

Dem Kommissar war anzusehen, dass es ihm gerade wieder einfiel, und Kindaichi musste grinsen.

»Alle Zeugen sind sich einig, dass der Mann von weit her gekommen sein muss. Vermutlich ist er am Bahnhof N. aus dem Zug gestiegen und hat dort nach dem Weg ins fünf Kilometer entfernte H. gefragt. Der ist nicht ganz einfach zu beschreiben, weshalb die Einheimischen in der Regel ein paar markante Orte entlang der Strecke aufzählen. Das ist ganz normal. Als der Mann in K. ankam, erkundigte er sich also noch einmal nach dem Weg. Ich habe das Experiment heute Morgen selbst gemacht. Die Tabakverkäuferin erklärte mir den Weg ungefähr so: Wenn Sie dieser Straße folgen, kommen Sie zum Rathaus in O. Dort fragen Sie nach dem Ichiyanagi-Anwesen. Das ist ein großes Herrenhaus, und Sie können es nicht verfehlen. Sie gehen an dem Anwesen vorbei über den Hügel und kommen nach H. Das war auch die Beschreibung, die der Mann mit den drei Fingern erhielt. Nur aus diesem Grund hat er sich in der Kneipe gegenüber dem Rathaus in O. nach dem Anwesen der Familie Ichiyanagi erkundigt.«

Kommissar Isokawa, Ginzo und Ryuji stöhnten. Diese Erklärung klang mehr als plausibel.

Beruhte die angebliche Verbindung des Mannes mit den

drei Fingern zur Familie Ichiyanagi, die sie alle so beschäftigt hatte, tatsächlich nur auf diesem banalen Zufall?

»So sieht es aus«, fuhr Kindaichi fort. »Zu diesem Zeitpunkt hatte er noch nicht das Geringste mit den Ichiyanagis zu tun. In den Mord verwickelt wurde er erst später, als er Teil von Kenzos Plan wurde. Irgendwann gelangte er vom Wirtshaus zum in der Tat eindrucksvollen Herrenhaus der Ichiyanagis. Der Mann hatte die Okamisan und ihre Gäste von der bevorstehenden Hochzeit des Hausherrn sprechen hören, also warf er aus Neugierde einen Blick durch das Tor. So etwas ist nur zu menschlich, das hätte wohl jeder getan. Von einem Angehörigen des Haushalts dabei ertappt, erkundigte er sich aus Verlegenheit erneut nach dem Weg nach H. Auch das ist eine völlig natürliche Reaktion. Seine Frage nach dem Weg diente also dazu, seine Verlegenheit zu überspielen, aber er verriet damit auch, was er vorhatte, nämlich H. aufzusuchen. Und noch etwas fällt in diesem Zusammenhang auf. Der Weg geht von da an ziemlich steil bergauf. Alle, die den Mann mit den drei Fingern gesehen haben, erklärten übereinstimmend, dass er ausgemergelt und geschwächt wirkte. Er musste also vor dem Aufstieg eine Pause einlegen. Da er aber wusste, dass sein Anblick Argwohn erregte, suchte er sich ein Versteck im dichten Bambus am Hang gleich hinter dem Anwesen. Auch das ist durchaus einleuchtend.«

»Und dort wurde er von Kenzo ermordet«, sagte der Kommissar.

Das war mein Stichwort. Ich räusperte mich, um Kindaichis Aufmerksamkeit auf mich zu lenken, worauf er sich mir freundlich zuwandte.

»An dieser Stelle möchte ich Herrn Dr. F. bitten, uns die genauen Umstände seines Todes zu erklären. Deshalb habe ich ihn heute Abend eingeladen. Herr Doktor, würden Sie uns das Resultat Ihrer Obduktion mitteilen?«

Erst jetzt wurde mir klar, warum er mich gebeten hatte, meine Ergebnisse noch zurückzuhalten, und ich musste lächeln. Kindaichi wirkte auf den ersten Blick wie ein sehr bescheidener junger Mann, doch in Wirklichkeit hatte er durchaus eine theatralische Ader. Er hatte auf den dramaturgisch wirkungsvollsten Moment gewartet.

»Ich fasse Ihnen mein Ergebnis möglichst kurz zusammen. Unser Mann ist eines natürlichen Todes gestorben, das heißt, er wurde nicht ermordet. Die genaue Todesursache kann ich erst nach einer ordnungsgemäßen Obduktion feststellen, aber ich vermute, er starb aufgrund eines extremen Erschöpfungszustands an Herzversagen. Die Verletzung im Brustbereich wurde ihm mindestens vierundzwanzig Stunden nach Eintritt seines Todes beigebracht.«

Ausrufe des Erstaunens wurden laut. Ryuji beugte sich aufgeregt und mit leuchtenden Augen vor.

»Das heißt also, mein Bruder hat diesen Mann nicht getötet?«

»Nein, das hat er nicht«, antwortete Kindaichi. »Daran habe ich von Anfang an nicht geglaubt. Erstens war Kenzo völlig besessen von seinem Selbstmordplan, in dem der Mann mit den drei Fingern ursprünglich keine Rolle spielte, und zweitens hätte er sich nicht so weit vergessen, einen völlig Unbeteiligten zu töten.«

»Aber was ist mit der Wunde in der Brust des Mannes?«

»Nun, Herr Kommissar, sie ist das Ergebnis von Kenzos Generalprobe. Ebenso wie wir heute Abend hat auch Kenzo ein Experiment durchgeführt. Er hatte seinen Plan theoretisch genau ausgearbeitet, wusste aber nicht, ob er praktisch auch funktionieren und wie viel Zeit er dafür benötigen würde. Also veranstaltete er eine Probe, bei der er die Leiche des Mannes mit den drei Fingern verwendete. Onkel, du hattest erwähnt, Suzuko habe in der Nacht vor dem Mord angeblich eine Koto gehört. Das war Kenzo bei seiner Probe.«

Unwillkürlich sahen wir uns an. Wieder war alle Farbe aus Ryujis Gesicht gewichen. Hier handelte es sich zwar nicht um einen Mord, aber die Vorstellung war genauso grauenhaft, wenn nicht noch grauenhafter. Ein kalter Schauer lief mir über den Rücken.

»Wenden wir uns wieder dem Mann mit den drei Fingern zu. Bald nachdem er die Klippe hinaufgeklettert war, hauchte er sang- und klanglos sein Leben aus. Kenzo muss ihn am Abend des 23. oder vielleicht am Morgen des 24. dort gefunden haben – der perfekte Statist für seine Versuchsanordnung. Er schleppte die Leiche heimlich ins Haus und versteckte sie in dem besagten Wandschrank hinter der Tokonoma. So ist es nicht verwunderlich, dass sich dort Fingerabdrücke des Mannes fanden. Am 24. November, also dem Tag vor der Hochzeit, kam es, wie Sie wissen, im Wohnzimmer des Haupthauses zu einem Streit zwischen Kenzo und seiner Mutter, bei dem es darum ging, wer bei der Hochzeit die Koto spielen sollte. Mitten in dieser Auseinandersetzung tauchte Ryosuke mit dem

Sarg auf, den er für Suzukos Katze Tama gezimmert hatte. Kurz darauf kehrte Saburo vom Barbier aus dem Dorf zurück und erzählte, ein Mann mit drei Fingern habe sich nach dem Weg zu ihrem Haus erkundigt. Als Suzuko hörte, dass der Mann nur drei Finger hatte, assoziierte sie dies automatisch mit einer Koto, und sie imitierte das Zupfen der Saiten, was in einem entscheidenden Zusammenhang zu unserem Fall steht. Denn daraufhin hatte Kenzo eine Eingebung.«

Fragend sahen wir Kindaichi an.

»Kenzo hatte zu diesem Zeitpunkt bereits einen genauen Plan. Allerdings wusste er noch nicht, welche Art von Schnur er verwenden sollte. Sie musste dünn und dennoch fest sein, außerdem lang genug. Und nun tat Suzuko, als würde sie auf der Koto spielen. Bitte bedenken Sie, dass der Mann mit den drei Fingern zu diesem Zeitpunkt bereits tot im Wandschrank des Nebengebäudes lag. Kenzo war sicher sehr verblüfft, als genau der Mann, den er bei seiner Generalprobe einsetzen wollte, plötzlich das Gesprächsthema der im Wohnzimmer versammelten Familie war. Zugleich kam ihm beim Anblick von Suzukos Hand die Idee mit der Koto-Saite. Es ist eine Ironie des Schicksals, dass die harmlose Geste seiner unschuldigen, einfältigen jüngeren Schwester einen derartigen Einfluss auf seinen Mordplan hatte. Traurig, aber wahr. Jedenfalls begab Kenzo sich sofort in den Speicher, um sich die entsprechende Saite zu beschaffen. Der Haushalt der Ichiyanagis verfügte über mehrere Kotos, so dass kein Mangel an überschüssigen Saiten herrschte. Niemand würde es bemerken, wenn eine fehlte. Bei der Suche nach einer geeigneten Saite fielen Kenzo die Stege der Mandarinenten-Koto ins Auge. Ich glaube nicht, dass er ursprünglich vorhatte, einen solchen als Führung auf dem Dach der Toilette anzubringen. Vermutlich dachte er zunächst an eine Astgabel oder etwas Ähnliches, aber dann erkannte er, dass ein Koto-Steg von seiner Form her perfekt als Führung für die Saite geeignet war. Und so kam es zu dieser engen Verknüpfung des Musikinstruments mit dem Mord.«

Der Kommissar brummte anerkennend.

»Und in dieser Nacht hat er alles ausprobiert?«, fragte Ginzo.

»Ja, und er stieß dabei auf zwei Probleme, mit denen er nicht gerechnet hatte. Das erste war das lebhafte Rascheln, das die Saite im Bambusdickicht hervorrief. Um dies zu vermeiden, hätte er den Bambus herunterschneiden müssen. Danach stand ihm jedoch nicht der Sinn, und er beschloss, mit einem anderen Geräusch von diesem Rascheln abzulenken. Also würde er zwischen Katsukos Ermordung und seinem eigenen Tod wild auf der Koto im Zimmer herumzupfen. Der Lärm würde die anderen Mitglieder des Ichiyanagi-Haushalts wecken, aber sie würden die Geräusche der Saite im Bambusdickicht nicht wahrnehmen.«

»Aha«, sagte der Kommissar nachdenklich.

»Und was war das zweite unerwartete Problem, das sich aus der Generalprobe ergab?«, fragte Ginzo.

»Dass Saburo ihn dabei ertappte. Also musste er ihn in den Plan einweihen.«

»Was?!« Verwirrt sahen wir uns an. Ryuji wurde aschfahl.

17 Mord im unbeabsichtigt verschlossenen Raum

Auszug aus dem Memorandum von Dr. F., Teil IV

»Nehmen wir einmal an, ich hätte recht, und Saburo ist hinter das Experiment gekommen. Was ist dann passiert? Das werden wir erst erfahren, wenn wir Saburo selbst befragen können. Dennoch sprechen die vielen ausgefeilten Kniffe meiner Ansicht nach für seine Beteiligung. Ich würde sogar behaupten, dass es Kenzo genügt hätte, die Geschichte wie einen Doppelmord aussehen zu lassen. Diesen jedoch jemand Bestimmtem anzuhängen wäre ihm wahrscheinlich nicht in den Sinn gekommen. Hier tritt Saburo, der begeisterte Leser von Kriminalromanen, auf den Plan. Er fand, ein Mord ohne Mörder reiche nicht aus, und brachte flugs einen falschen ins Spiel. Wer wäre dazu besser geeignet gewesen als der Tote mit den drei Fingern? Weder Kenzo noch Saburo hatten eine Ahnung, wer dieser Mann war und warum er nach dem Weg zum Haus der Ichiyanagis gefragt hatte, aber er sah zumindest hinreichend zwielichtig aus. Außerdem ahnte Saburo, dass sich Spuren der drei Finger des Mannes auf dem Glas im Wirtshaus Kawada befanden, was seinen schöpferischen Ehrgeiz noch mehr beflügelte. Fingerabdrücke bringen jeden Krimifan auf Ideen. Aber das reichte Saburo nicht. Das Foto im Album und die Fragmente der Tagebuchseiten sollten zusätzlich den Eindruck erwecken, dass zwischen Kenzo und dem Mann mit den drei Fingern eine schicksalhafte Verbindung bestand. Derart raffinierte Indizien kann sich nur jemand mit einer Manie für Kriminalromane ausdenken. Der Plan zu Mord und Selbstmord war derart komplex, weil er einerseits das Ergebnis von Kenzos brillantem Verstand und andererseits ein Auswuchs von Saburos Leidenschaft für Kriminalromane war. Wir hatten es also sozusagen mit einem Gemeinschaftsprojekt der beiden zu tun.«

»Und was ist mit dem Foto im Album?«

»Sie hatten es mit der Pappe darunter herausgeschnitten, Herr Kommissar. Hätten Sie es direkt von der Seite abgelöst, wäre uns sofort etwas aufgefallen. Hier, sehen Sie!«

Kindaichi hob das bereits von der Pappe gelöste Foto hoch.

»Auf der Rückseite sind noch Spuren von dem vorherigen Untergrund des Fotos erkennbar. Außerdem klebte an dieser Stelle im Album vorher ein anderes Bild. Saburo hat es behutsam entfernt und durch dieses ersetzt. Mit anderen Worten, der Todfeind, den Kenzo lebenslang zu hassen geschworen hatte, existierte, aber er war nicht der Mann auf dem Foto.«

»Und woher kam das Foto?«

»Natürlich gehörte es dem Mann mit den drei Fingern.«

»Aber das leuchtet mir nicht ein«, sagte Ryuji. »Welcher normale Mensch trägt denn sein eigenes Foto mit sich herum?«

»Ihr Einwand ist berechtigt. Allerdings haben bestimmte Berufsgruppen immer ein Foto von sich dabei. Bus- und Taxifahrer zum Beispiel.«

»Ja, genau!«, rief Kommissar Isokawa. »Daran hatte ich auch

schon gedacht. Es ist eine Art Passfoto und könnte von einem Führerschein stammen.«

»Stimmt. Genauso eins ist es«, pflichtete Kindaichi ihm, höchst vergnügt seine Vogelnestfrisur kratzend, bei. »Und das führt uns zugleich zu der schrecklichen Narbe im Gesicht des Mannes und seinen fehlenden Fingern. Übrigens habe ich seine Identität herausgefunden. Sein Name ist Kyokichi Shimizu. Er wurde in Shitsukigun geboren und kam schon als Kind nach Tokio, wo er später als Taxifahrer arbeitete. Vor Kurzem hatte er einen Unfall, bei dem er schwer verletzt wurde. Da er nicht mehr als Fahrer arbeiten konnte, schrieb er an seine Tante in H., um sie zu bitten, ihn eine Zeit lang bei sich aufzunehmen, damit er sich erholen könne. Sie erklärte sich brieflich dazu bereit, hörte aber dann nichts mehr von ihm. Sie wähnte ihn unterwegs und rechnete heute oder morgen mit seiner Ankunft. Das hat Ihr Assistent Kimura bei den Nachforschungen in H. herausgefunden, die er dort für mich angestellt hat. Nach Aussage seiner Tante war Kyokichi Shimizu noch nie in diesem Teil des Landes gewesen. Kimura zeigte ihr das Foto, aber sie sagte, sie habe ihren Neffen seit seiner Kindheit nicht mehr gesehen und könne daher nicht mit Sicherheit sagen, ob er es sei oder nicht. Dann jedoch fügte sie hinzu, der Mann auf dem Foto habe große Ähnlichkeit mit ihrem Bruder, also Kyokichis Vater. Zusammenfassend lässt sich sagen, dass es sich bei dem Mann mit den drei Fingern aller Wahrscheinlichkeit nach um den Taxifahrer Kyokichi Shimizu handelte, der auf dem Weg zum Haus seiner Tante in H. auf der Klippe hinter dem Anwesen ein trauriges Ende fand.«

»Und das hat sich mein Bruder zunutze gemacht«, sagte Ryuji. Er wirkte sehr bekümmert, aber der Kommissar fragte ungerührt weiter.

»Und was ist mit den verbrannten Tagebuchseiten? Wie erklären Sie sich die?«

»Das war wieder eine von Saburos Raffinessen.« Kindaichi lachte. »Kenzo hatte jahrelang über alles, was er tat, peinlich genau Buch geführt. Da musste sich doch etwas Lohnendes finden lassen! Saburo hat also gewisse passende Äußerungen herausgesucht und zu den Umrissen einer Handlung montiert. Sehen Sie sich das mal an.«

Kindaichi nahm die Fragmente von fünf verbrannten Seiten aus seinem Notizbuch.

»Beginnen wir mit Fragment Nummer eins: ›... auf meinem Weg zum Strand kam ich an der üblichen Stelle vorbei. Ofuyu spielte wieder auf der Koto. In letzter Zeit zerreißt mir dieser Klang fast das Herz ...‹ Jetzt Nummer drei: ›... die Beerdigung von Ofuyu. Ein trauriger, trostloser Tag. Wieder nieselt es hier auf der Insel. Die Beerdigung war ...‹ Lassen Sie mich zunächst mit Nummer fünf fortfahren: ›... bevor ich die Insel verließ, besuchte ich noch einmal Ofuyus Grab. Ich nahm einige wilde Chrysanthemen mit, und während ich betete, glaubte ich, den Klang einer Koto zu vernehmen. Und plötzlich verstand ich ...‹

Aus dem Stift und der Farbe der Tinte, und da in allen von dieser Ofuyu die Rede ist, können wir schließen, dass diese drei Passagen um die gleiche Zeit verfasst wurden. Nummer zwei allerdings: ›... dieser Hund. Wie ich den Kerl verabscheue.

Ich werde ihn für den Rest meines Lebens verachten …‹ und Nummer vier: ›… ich denke daran, ihn zum Duell zu fordern. Diese unsägliche Wut. Bei dem Gedanken an ihren traurigen Tod könnte ich ihn in Stücke reißen. Ich betrachte ihn als meinen Todfeind, hasse, hasse, hasse ihn …‹ – diese Einträge wurden mit einem anderen Stift geschrieben, und auch die Tinte hat einen etwas anderen Farbton. Ich vermute, die Abschnitte eins, drei und fünf stammen von einer Reise. Bei keinem hat Kenzo einen Füllfederhalter verwendet. Die Abschnitte zwei und vier müssen dagegen zu einem völlig anderen Zeitpunkt entstanden sein. Aufgrund des Schriftbilds und gewisser Merkmale bin ich davon überzeugt, dass sie vor den anderen drei geschrieben wurden. Wahrscheinlich als Kenzo noch an der Universität arbeitete. Ryuji, können Sie sich an etwas aus dieser Zeit erinnern, mit dem diese Einträge in Zusammenhang stehen könnten?«

Ryuji blickte auf. Ihm schien tatsächlich etwas einzufallen. Er senkte den Kopf wieder, bevor er zögernd zu erzählen begann.

»Damals geschah wirklich etwas, das mich verwunderte. Als mein Bruder noch an der Universität arbeitete, passierte irgendetwas, das er einem seiner Kollegen sehr nachtrug. Er hasste ihn geradezu. Ursprünglich war er mit diesem Mann eng befreundet gewesen, aber wegen der Tochter eines Professors, den beide gut kannten, kam es zu einem schlimmen Zerwürfnis. Kenzo fühlte sich von seinem Freund hintergangen und betrogen … oder zumindest bildete er sich das ein. Er brachte sich dadurch in eine peinliche Lage und war gezwungen, seine Stelle an der Universität zu kündigen. Die junge Frau erkrankte, vielleicht sogar im Zuge dieses Vorfalls, und starb. Ich weiß nicht, wie viel davon wahr ist, ich kenne auch nicht alle Fakten, aber Kenzo war fest überzeugt, dass sein früherer Freund an allem schuld war. Mein Bruder, der zuweilen unter starken Gemütsschwankungen litt, hasste diesen Mann bis aufs Blut. Als von der Formulierung ›Dein Todfeind‹ die Rede war, musste ich sofort an diesen Menschen denken, aber dann hieß es, dieser Todfeind müsse jemand sein, dem er auf einer Insel begegnet war, also nahm ich an, dass es dieser frühere Kollege von ihm nicht sein konnte. Außerdem ist er heute ein berühmter Gelehrter, dessen Namen beinahe jeder kennt, und ich konnte mir nicht vorstellen, dass ein solcher Mann … Wie dem auch sei, aus diesem Grund habe ich bisher geschwiegen.«

»Ich verstehe. Und sind Sie diesem Mann jemals begegnet?«

»Nein. Ich habe nur hin und wieder ein Bild von ihm gesehen, aber erst in letzter Zeit. Daher hätte es sich in dem Album auch um ein Jugendfoto handeln können, auf dem ich ihn nicht erkannt hätte.«

»Ich verstehe vollkommen. Es war sehr raffiniert von Saburo, diesen Vorfall mit der späteren Episode aus Kenzos Zeit auf der Insel zu verknüpfen. Indem er das Foto des Mannes mit den drei Fingern zusätzlich in die Geschichte einbaute, hat er einen cleveren Plot geschaffen. Eine großartige Leistung. Hahaha. In den Einträgen kommt sogar eine Koto vor. Kenzo hätte sein Tagebuch nie einem anderen Menschen gezeigt. Aber Saburo war er einfach nicht gewachsen. Für Saburo war es ein großer Spaß, seine Nase in die Geheimnisse seines Bruders zu stecken. Und offensichtlich besitzt er ein hervorragendes Gedächtnis, denn er konnte sich sofort daran erinnern, was Kenzo wann geschrieben hatte und wo es zu finden sein musste. Außerdem war er clever genug, ein großes Ganzes daraus zu machen. Daher vermute ich, dass Saburo, seit er Bescheid wusste, die gesamte Planung an sich riss und Kenzo nur noch eine Marionette war, die seinen Anweisungen folgte. Aber Saburo ging es viel weniger darum, den Plan seines Bruders in die Tat umzusetzen, als darum, seine umfangreiche Kenntnis von Kriminalromanen zur Schau zu stellen.«

Ich fand Kosuke Kindaichis Theorie keineswegs abwegig. Ich hatte die gesamte Familie Ichiyanagi mit Ausnahme von Ryuji, der mir von jeher als normaler Mensch erschienen war, stets als ausgesprochen exzentrisch erlebt.

»Nachdem ihr Plan feststand, schnitten die Brüder dem Toten die Hand ab, bevor sie ihn am 25. vor Sonnenaufgang im Kohlenmeiler vergruben. Dennoch tauchte am selben Abend kurz vor der Hochzeit der Mann mit den drei Fingern in der Küche des Anwesens auf. Diesmal war es allerdings der verkleidete Kenzo. Die Brüder hatten zwar die Fährte mit dem Fotoalbum gelegt, aber für den Fall, dass die Polizei es übersehen würde, wollten sie die Ermittler sicherheitshalber glauben machen, der Mann mit den drei Fingern wäre am Tag des Mordes noch am Leben gewesen. Nach seinem Auftritt in der Küche stieg Kenzo, noch immer in seiner Verkleidung als Dreifingermann die Klippe hinauf und rutschte den Abhang direkt hinter dem Nebengebäude wieder hinunter. Er schlich zurück ins Haus, wo er sich umzog und wartete, dass Akiko mit dem Zettel auftauchte, den er vor ihren Augen zerriss. Die Fetzen steckte er in seinen Kimonoärmel. Dann bat er Akiko, alle Läden zu schließen, bevor sie das Nebengebäude verließ, und ging. Als Akiko schließlich wieder im Haupthaus ankam, war dort nichts von Kenzo zu sehen. Kein Wunder, denn er war ins Nebengebäude zurückgekehrt, um die Fußabdrücke zu fälschen. Außerdem schnitt er sich und brachte die blutigen Fingerabdrücke am Stützpfeiler und an der Innenseite des Ladens an. Dann nahm er die Schuhe und die übrigen Kleidungsstücke des Mannes mit den drei Fingern und stopfte sie in den Schornstein des Kohlenmeilers.«

»Kindaichi-san«, sagte Kommissar Isokawa, »Sie behaupten also, die Fingerabdrücke befanden sich bereits am frühen Abend im Haus?«

»Ja, denn Kenzo hätte sie zu keiner anderen Zeit anbringen können. Die blutigen Fingerspuren waren mein erster Anhaltspunkt bei der Lösung des Falls. Es gab noch andere Spuren an offensichtlicheren Stellen, beispielsweise auf dem Wandschirm, aber sie stammten von Koto-Plektren. Die richtigen Abdrücke waren wesentlich versteckter. Das musste etwas zu bedeuten haben. Zwei Dinge fielen mir auf. Die Fingerabdrücke am Pfeiler und am Laden wurden viel später entdeckt als die anderen. Ich war überzeugt, dass der Mörder dies mit einberechnet hatte. Anders gesagt, es wäre von Nachteil für ihn gewesen, wenn die Ermittler sie früher gefunden hätten. Finden sollten sie sie, nur nicht so schnell. Und warum nicht? Vermutlich weil sonst aufgefallen wäre, dass sie bereits getrocknet waren und anders aussahen als die anderen. Hätte man sie zu früh gefunden, wäre der Unterschied zwischen der

Farbe dieser Abdrücke und der der anderen zu offenkundig gewesen. Es war also wichtig, dass sie möglichst spät entdeckt wurden. Mein zweiter Anhaltspunkt war der Ort, an dem sie sich befanden. Beide Stellen waren so gut versteckt, dass die Abdrücke auch während des im Nebengebäude stattfindenden zweiten Sake-Rituals niemandem ins Auge fallen würden. Sehr widersprüchlich erschien mir jedoch, dass ein Täter, der so vorsichtig war, seine Finger mit Koto-Plektren abzudecken, so unvorsichtig wäre, seine Fingerabdrücke an anderen Stellen zu hinterlassen. So kam ich zu dem Schluss, dass die versteckten Abdrücke absichtlich platziert worden waren, und zwar lange bevor das eigentliche Verbrechen begangen wurde.«

»Donnerwetter!« Der Kommissar schnaubte beeindruckt, und Kindaichi grinste.

»Die Bühne war nun bereit. Kenzo brachte die abgetrennte Hand ins Haupthaus. Nun könnte man sich fragen, warum er sich zwar eigens der Mühe unterzog, Schuhe und Kleidung zum Kohlenmeiler zu schaffen, die Hand aber nicht gleich mit entsorgte. In diesem Punkt ist er vermutlich Saburos Anweisungen gefolgt, der es hier wohl ein bisschen übertrieben hat. Vielleicht reizte es ihn, die abgetrennte Hand für eine weitere ruchlose List zu verwenden, und er brachte Kenzo dazu, sie zunächst zu verstecken, um sie später noch einmal hervorholen zu können. Das heißt nicht unbedingt, dass Saburo sie behalten wollte. Dennoch musste er damit rechnen, dass das Haus nach dem Mord durchsucht wurde. Also überredete er Kenzo, die Hand später in den Katzensarg zu legen, den Suzuko gleich nach dem Mord begraben hatte. Er war das perfekte Versteck.«

»Und danach hat sich Kenzo in seinem Studierzimmer die Tagebücher vorgenommen?«

»Ja, so muss es gewesen sein. Saburo hatte die bewussten Seiten vermutlich bereits markiert, so dass Kenzo sie nur noch herausreißen und teilweise verbrennen musste. Die Fetzen des Zettels in seinem Kimonoärmel hat er natürlich absichtlich nicht mit verbrannt. Wir sollten ja den Brief seines sogenannten Todfeindes finden. Nicht lange danach begannen die Hochzeitsfeierlichkeiten. Hierbei verdienen zwei Gegebenheiten unsere Aufmerksamkeit. Erstens wurde ein zweites Koto-Konzert im Nebengebäude anberaumt. Kenzo hatte das Glück, dass dieser Vorschlag vom Bürgermeister kam. Andernfalls hatte er sicher beabsichtigt, dies selbst anzusprechen. Ein Hinweis darauf ist, dass er zu Katsuko sagte, die Koto gehöre nun ihr. Des Weiteren forderte er Saburo auf, ihren Großonkel Ihei nach Hause zu begleiten, und verschaffte seinem Bruder damit ein Alibi für den Mord. Übrigens würde ich Sie gern etwas fragen, Ryuji-san.«

Ryuji sah Kindaichi mit hochgezogenen Brauen an.

»Der Kommissar hat Ihnen diese Frage gewiss bereits gestellt. Wir wissen, dass Sie am Abend des 25. schon hier waren. Warum haben Sie nicht an der Hochzeitsfeier Ihres Bruders teilgenommen? Und warum haben Sie am nächsten Morgen so getan, als wären Sie gerade erst angekommen?«

Ryuji zog eine bekümmerte Miene.

»Zunächst muss ich Ihnen sagen, dass ich erst jetzt begreife, warum Kenzo mir so strikt verboten hatte, zu seiner Hochzeit anzureisen. Vermutlich wollte er sicherstellen, dass ich ein wasserdichtes Alibi habe und erst gar nicht befragt werden würde. Natürlich kannte ich seine Beweggründe nicht, aber der Ton seines Briefes beunruhigte mich so sehr, dass ich mich zu einem Besuch gezwungen sah. Deshalb verließ ich die Konferenz einen Tag früher und fuhr zunächst nach K. zu unserem Großonkel, um herauszufinden, was los war. Ich hielt es für besser, mich bei der Hochzeit nicht blicken zu lassen und lieber zu warten, bis am nächsten Tag der ganze Trubel vorbei wäre. Bei unserem Großonkel Ihei begegnete ich Saburo und kam am nächsten Morgen mit den beiden hier an.«

»Ihr älterer Bruder muss Sie wirklich sehr geliebt haben, nicht wahr?«

»Ich bin mir ziemlich sicher, dass er nicht aus Liebe gehandelt hat. Dass er mich nicht dabeihaben wollte, lag wohl vor allem daran, dass ich der Einzige bin, der ihn wirklich kannte.«

»Er fürchtete also weniger, dass Sie in Verdacht geraten könnten, ihn ermordet zu haben, als dass Sie durchschauen könnten, was er vorhatte?«

Ryuji nickte. »Wahrscheinlich. Als ich an jenem Morgen erfuhr, was geschehen war, kam mir sofort der Gedanke, dass hinter alldem mein Bruder stecken musste. Aber das Wie und Warum konnte ich mir nicht erklären.«

»Ich danke Ihnen. Gehen wir nun zum Tatort über. Das Sake-Ritual war zu Ende. Kenzo entfernte heimlich einen Steg von der Mandarinenten-Koto und schob ihn in den Kimonoärmel seiner Mutter. Ich hatte es mir schon gedacht, bevor Sie mir davon berichteten, Herr Kommissar. Woher ich das wusste? Nun, auf dem Koto-Steg, den wir in dem Laubhaufen entdeckten, befanden sich keine anderen Abdrücke außer den drei Fingern. Das bedeutete, es handelte sich unmöglich um einen der Stege, die an jenem Abend an der Koto befestigt waren. Sowohl Suzuko als auch Katsuko hatten auf der Mandarinenten-Koto gespielt. Jede Koto-Spielerin nimmt sich, bevor sie zu spielen beginnt, einige Augenblicke Zeit, um das Instrument zu stimmen und mit der Linken die Stege anzupassen. Wäre der Steg, den wir im Garten gefunden haben, Teil dieses Instruments gewesen, hätten sich selbstverständlich Suzukos und Katsukos Abdrücke darauf befunden. Warum hätte der Mörder die Spuren anderer Personen abwischen und stattdessen seine eigenen auf dem Steg anbringen sollen? Es liegt also auf der Hand, dass der Steg, den wir draußen im Laub gefunden haben, bereits im Speicher von der Mandarinenten-Koto entfernt wurde und die blutigen Fingerabdrücke vor dem Verbrechen darauf platziert worden waren.«

Ginzo nickte gelassen, während er seine Pfeife paffte. Ryuji starrte noch immer zu Boden.

»Der Steg, der an jenem Abend wirklich auf der Koto steckte, also der, den Kenzo von dem Instrument entfernte, nachdem Katsuko zu Ende gespielt hatte, wurde im Kimonoärmel seiner Mutter entdeckt. Vermutlich wollte Kenzo, dass Saburo ihn später wieder herausnahm, aber er kam nicht mehr dazu, es ihm zu sagen. Oder Saburo hat es in der ganzen Aufregung nach der Entdeckung des Mordes einfach vergessen. Wie auch immer es gewesen ist, der Steg blieb im Ärmel. Ich glaube, alle Vorbereitungen sind nun getroffen, und wir kommen zum Moment der Tragödie …«

Kindaichis Miene verfinsterte sich. Wir anderen hielten den Atem an.

»Dieses Verbrechen ist wirklich entsetzlich, und der Umstand, dass es bis ins letzte Detail geplant und durchdacht war, macht es nur noch grausamer. Kenzo lag also reglos in seinem Ehebett und wartete, bis die Wassermühle sich in Bewegung setzte. Als er ihr Knarren hörte, sprang er auf und holte, vorgebend, zur Toilette zu gehen, das Katana aus dem Wandschrank. Nachdem er Katsuko mit dem Schwert getötet hatte, steckte er sich drei Koto-Plektren an die Finger, spielte ein paar Akkorde und strich anschließend mit den blutigen Plektren über den Wandschirm. Ich gebe zu, dass ich die Plektren-Spuren auf dem Wandschirm mit einer Art bitterer Genugtuung betrachte. Nicht, weil Kenzo auf diese Weise seine eigenen Fingerabdrücke zu verbergen suchte, sondern weil sie ein weiteres Mal sein zwanghaftes Wesen beweisen. Er hatte bereits die Koto-Saite und die Stege verwendet. So erschien es ihm wohl nur angemessen, dass er auch die Plektren benutzte. Als Nächstes entledigte er sich ihrer am Waschbecken, ergriff das Ende der durch die Ranma hängenden Schlaufe und zog sie zurück in den Tatamiraum, wo er sich auf die Art und Weise tötete, die ich Ihnen zuvor beschrieben habe. So beging er die rätselhaften Honjin-Morde.«

Alle waren verstummt. Ich erschauerte, denn ich war völlig durchgefroren. Wie davon angesteckt, schienen auch die anderen Gäste zu frösteln. Plötzlich meldete sich Ryuji noch einmal zu Wort.

»Aber eins verstehe ich nicht. Warum hat mein Bruder die Läden nicht einfach offen gelassen. Und den Eindruck erweckt, als wäre der Mörder auf diese Weise ins Haus gelangt und auf die gleiche wieder entkommen. Das hätte doch natürlicher gewirkt?«

Von unbändiger Erregung ergriffen, zauste Kindaichi sich wie wild den wirren Haarschopf. Er stotterte stärker als je zuvor.

»D-d-d-das ist das F-F-Faszinierendste an diesem Fall.«

Nachdem er seinen bereits erkalteten Tee hinuntergestürzt hatte, fuhr er mit etwas ruhigerer Stimme fort:

»Natürlich war das genau seine Absicht gewesen. Doch es kam etwas dazwischen. Es geschah etwas Unvorhergesehenes, etwas, das seinen Plan völlig über den Haufen warf. Es fing an zu schneien. Damit hatte er nicht gerechnet. Verstehen Sie, er hatte Fußabdrücke platziert, die gleichen wie am Eingang, die vom Haus durch den Garten nach Westen führten. Damit wollte er vortäuschen, dass der Täter nach dem Mord in diese Richtung entkommen war. Doch nun wurden diese Spuren vom Schnee begraben. Sollte er sie erneuern? Nein, das war unmöglich. Er hatte die ausgetretenen Schuhe bereits in den Kohlenmeiler gestopft. Ohne jegliche Spuren im Schnee hatte es keinen Sinn, die Läden offen zu lassen. Vielleicht dachte er also spontan, na gut, dann machen wir eben einen Mord im verschlossenen Raum daraus. Natürlich wissen wir das nicht, aber ich glaube, das war der Grund, aus dem er die Läden geschlossen hat. Mit anderen Worten, es handelte sich um keinen geplanten Mord im verschlossenen Raum, sondern um einen, bei dem der Mörder es wohl oder übel so aussehen lassen musste.«

18 Tiefrote Spinnenlilien

Damit beende ich den Bericht von Dr. F. Er hatte sich zwar weitere Notizen zu Saburos Beteiligung an dem Fall gemacht, aber ich besitze noch Auskünfte aus anderen Quellen, die ich an dieser Stelle vortragen möchte.

Nachdem Saburo von seiner Tetanusinfektion genesen war, unterzog Kommissar Isokawa ihn einem strengen Verhör zu seiner Rolle in dem Fall. Er war geständig, und es stellte sich heraus, dass sich alles mehr oder weniger so abgespielt hatte, wie Kosuke Kindaichi es vermutet hatte. Kenzo hatte seinen jüngeren Bruder einweihen müssen, als dieser ihn bei seiner Generalprobe ertappte. Saburo erzählte die Geschichte wie folgt:

»Niemals werde ich die furchterregende Aura meines Bruders in jener Nacht vergessen. Ich sah, dass im Nebengebäude Licht brannte, und schlich mich durch den Garten, um nachzusehen, was vor sich ging. Mein Bruder befand sich schon seit Tagen in einer ganz sonderbaren Stimmung. Es war, als wäre er in einer anderen Welt. Er war ständig in Gedanken versunken und erschrak beim leisesten Geräusch. Am eindrücklichsten war mir dies an dem Nachmittag, als ich vom Barbier zurückkam und im Wohnzimmer von dem Mann mit den drei

Fingern erzählte. Kenzo wurde totenbleich. Dies erregte meine Neugier so sehr, dass ich, als ich das Licht in seinem Haus sah, einfach wissen musste, was dort vorging. Das Gartentor war fest von innen verriegelt, also kletterte ich über den Zaun. Ich schlich mich zur Westseite und spähte durch einen Spalt zwischen den Läden ins Zimmer. Stellen Sie sich mein Entsetzen vor, als sich plötzlich ein Schwert durch die Ranma über mir schob! Ich konnte vor Schreck nicht einmal schreien. Wie erstarrt stand ich da, während das Schwert über mir schwebte. Kurz darauf ertönte die Koto, dann flog das Schwert durch die Luft und bohrte sich neben der Steinlaterne in die Erde. Es war kaum dort gelandet, als der Laden aufgeschoben wurde und jäh das Gesicht meines Bruders erschien. Alles ging viel zu schnell, als dass ich mich hätte verstecken können. Wie ein Trottel stand ich da. Ich habe Kenzos wutverzerrte Miene noch genau vor Augen. Er packte mich am Genick und schleifte mich ins Haus, wo die Leiche des Mannes mit den drei Fingern auf den Tatami lag. Mit einer furchtbaren Wunde in der Brust …«

Saburo schauderte bei der Erinnerung an diese grausige Szene.

»Ich war überzeugt, dass mein Bruder wahnsinnig geworden war und mich das gleiche Schicksal ereilen würde wie den Mann auf den Tatami. Kenzo hielt mich wie in einem Schraubstock, so dass ich keine Luft mehr bekam. Allmählich jedoch ließ seine Aufregung nach, und sein Atem entwich aus ihm wie die Luft aus einem Luftballon. Noch nie hatte ich meinen Bruder so verzagt gesehen. Kenzo ist immer ängstlich gewesen und machte sich über alles und jedes Gedanken wie eine Frau, aber für gewöhnlich zeigte er diese Seite nicht, sondern gab sich stets kaltherzig und hochmütig. Er tat mir leid, wie er so niedergeschmettert, seiner Eitelkeit und seines Stolzes entkleidet, vor mir stand, aber gleichzeitig amüsierte es mich auch irgendwie. Als er sich schließlich wieder in der Gewalt hatte, vertraute er mir einen Teil seines Plans an und flehte mich beinahe unter Tränen an, niemandem etwas davon zu erzählen. Ich spreche hier von einem Teil seines Plans, weil er Katsuko überhaupt nicht erwähnte, sondern mir lediglich sagte, er habe vor, sich umzubringen, es dürfe aber nicht wie ein Selbstmord aussehen, sondern müsse wirken wie ein Mord. Ich war natürlich entsetzt und versuchte sogleich, ihn davon abzubringen. Worauf er mich fragte, warum ich ihn so dringend abhalten wolle.«

Die Antwort, die Saburo seinem Bruder gab, passte zu ihm und war eines wahren Krimikenners würdig.

»Ich erklärte Kenzo, in jedem Mordfall sei derjenige der Hauptverdächtige, der den größten Vorteil aus dem Mord zieht. Im Fall seines Todes wäre dies der Erbe des Familienvermögens, also unser älterer Bruder Ryuji. Da dieser jedoch zu der Zeit nicht in der Nähe sein würde, müsste man ihn von der Liste der Verdächtigen streichen. Stattdessen würde der Verdacht sofort auf mich fallen. Aber warum man denn mich verdächtigen sollte, wollte er wissen. Ich würde doch kaum von seinem Tod profitieren, weil der ganze Besitz an Ryuji fallen würde. Worauf ich ihm auseinandersetzte, dass ich als Begünstigter seiner Lebensversicherung im Falle seines Todes fünfzigtausend Yen ausgezahlt bekäme.«

Kenzos Gesicht muss ein Bild für die Götter gewesen sein. Vermutlich starrte er seinen jüngeren Bruder an wie ein seltenes Tier, ehe er in höhnisches Gelächter ausbrach.

»Saburo«, sagte er, »du bist vielleicht ein gerissener Kerl! Aber dass du dich nur nicht verrechnest. Na gut, dann erzähl doch allen, dass es kein Mord war, sondern ein Selbstmord. Aber leider wirst du dann nicht einen Yen von der Versicherung kassieren. Denn wie du weißt, zahlt die nicht, sobald sich herausstellt, dass der Versicherte Selbstmord begangen hat. Das wär's dann mit deinen fünfzigtausend Yen. Wäre das nicht schade?«

Zu welcher Generation sie auch gehörten, alle Mitglieder der Familie Ichiyanagi waren auf irgendeine Weise eigenartig, aber Saburo hatte mit Sicherheit den schrägsten Charakter. Er steckte in einem Dilemma, aber sie fanden eine Lösung. Er versprach Kenzo, sich ein Alibi zu verschaffen, das ihn davor bewahren würde, des Mordes an seinem älteren Bruder verdächtigt zu werden. Danach widmete er sich in bester Stimmung und unter Einsatz seines umfassenden kriminalistischen Wissens der Planung des Verbrechens.

Ich glaube, der Grund, aus dem Saburo seinen Bruder so begeistert unterstützte, bestand nicht nur darin, sich die fünfzigtausend Yen zu sichern. Er konnte überdies zum ersten Mal in seinem Leben in einem Gefühl von Überlegenheit gegenüber dem Älteren schwelgen. Wie Kosuke Kindaichi schon festgestellt hatte, verkehrten sich die Machtverhältnisse der beiden Brüder, je eifriger Saburo sich beteiligte und je mehr seine Kenntnis der Kriminalliteratur zum Einsatz kam. Kenzo tanzte bereitwillig nach seiner Pfeife und folgte bitter lächelnd jeder bizarren Wendung, die sein jüngerer Bruder sich ausdachte. Saburo war in seinem Element und amüsierte sich köstlich.

Die Idee mit dem Foto des Mannes mit den drei Fingern und den verbrannten Tagebuchseiten ging vollständig auf sein Konto. Ebenso wie der Einfall, der Leiche die Hand abzutrennen, um ihre Fingerabdrücke im Raum zu verteilen. Kenzo hatte zwar schon daran gedacht, den Mord dem Mann mit den drei Fingern in die Schuhe zu schieben, aber nicht gewusst, wie er dies bewerkstelligen sollte. Er hatte nur vage spekuliert, dass der Verdacht auf den Mann mit den drei Fingern fallen würde, wenn er die Leiche an einem Ort vergrub, an dem niemand sie finden würde. Weiter war er nicht gekommen. Saburo ergänzte und verbesserte, bis er das perfekte uns bekannte Theaterstück inszeniert hatte.

Es gibt Menschen, die über eine solche Begabung verfügen, und Saburo war in dieser Hinsicht gewiss so etwas wie ein Genie. Ohne selbst die Hauptrolle zu übernehmen, gelang ihm die perfekte Vorlage zu einem hochspannenden Stück.

Allerdings beschränkte Saburo sich nicht auf die Rolle des Bearbeiters. Vielleicht war er einfach zu gut in seinem Fach und wollte nicht auf eine tragende Rolle verzichten. Seine folgende Äußerung ließe sich dahingehend deuten.

»Ich hatte die abgetrennte Hand mit dem Kadaver der Katze begraben, um sie erneut zu verwenden, falls der Verdacht aufkäme, Kenzo hätte Selbstmord begangen, und schlich mich in der darauffolgenden Nacht hinaus, um sie wieder auszugraben. Als ich einmal aufblickte, sah ich Suzuko auf mich zuwanken. Sie schlafwandelte wieder. Also hielt ich ihr die abgetrennte Hand mit den drei Fingern entgegen, um sie zu erschrecken. Eigentlich hatte ich nicht im Traum daran gedacht, dass ich die Hand noch einmal brauchen würde. Aber dieser unverschämte kleine Mann, dieser Kosuke Kindaichi, der überall herumschnüffelte, zwang mich dazu. Wäre er wenigstens ein seriöser, ernst zu nehmender Detektiv gewesen, aber der war ja gerade mal so alt wie ich. Außerdem ging er mir mit seinem schmuddeligen Aussehen und seinem blöden Stottern unsäglich auf die Nerven. Und damit, dass er sich als Detektiv aufspielte. Und dann hatte er auch noch die Stirn, mir zu sagen, mechanische Hilfsmittel bei Morden in verschlossenen Räumen wären langweilig. Damit forderte er mich heraus. Im Nachhinein ist mir natürlich klar, dass das eine Falle war und ich hineingetappt bin. Gleichwie, ich musste es ihm einfach zeigen. Also beschloss ich, meinen Trick noch einmal anzuwenden. Ich nahm die Hand, die ich in der Nacht zuvor ausgegraben hatte, tauchte sie in mein eigenes Blut und brachte weitere Fingerabdrücke auf dem Wandschirm an, worauf ich die Hand wieder bei der Katze vergrub. Die anschließende Vorstellung habe ich für ihn gegeben. Eigentlich wollte ich mich nur leicht mit dem Schwert ritzen. Ich wollte mich ein bisschen in den Rücken schneiden. Dabei habe ich mich irgendwie vertan und mir eine viel tiefere Wunde zugefügt, als ich es beabsichtigt hatte. Wenn Sie am Kampferbaum im Garten suchen, werden Sie das Rasiermesser finden, das ich statt der Sichel verwendet habe.«

Kurzum, der junge Saburo hatte einen verdorbenen Charakter. Selbst eine ernste Angelegenheit wie der Tod seines Bruders war für ihn nicht mehr als ein Spiel. Bis zum Schluss behauptete er, nicht die geringste Ahnung gehabt zu haben, dass Kenzo seine Braut ermorden wollte. Vielleicht sagte er sogar die Wahrheit. Aber wer weiß, ob er sich nicht genauso verhalten hätte, auch wenn er es geahnt hätte?

Saburo wurde natürlich angeklagt, aber während er auf das Urteil wartete, verschlechterte sich die politische Lage. Er wurde eingezogen und fiel schließlich bei Hanko in China. Im Jahr darauf starb auch die süße Suzuko, was vielleicht sogar ein Glück für sie war. Ihr Cousin Ryosuke unternahm im letzten Jahr eine Reise nach Hiroshima und wurde beim Abwurf der Atombombe getötet. Die Alten im Dorf sagten, schon sein Vater sei in dieser Stadt ums Leben gekommen, und damit habe sein Tod doch etwas Schicksalhaftes. Vater und Sohn waren gleichermaßen dem Krieg zum Opfer gefallen.

Ryuji überlebte den Krieg in Osaka. Er hatte sich geweigert, sich in sein Heimatdorf evakuieren zu lassen. Er hatte das Landleben nie gemocht, und seit dem Mord hatte er endgültig genug von den alten Honjin-Traditionen und der Lebensweise seiner Familie. Das Anwesen der Ichiyanagis wird heute von der Witwe Itoko und ihrer ältesten Tochter Taeko bewohnt, die kürzlich mit nichts als ihren Kleidern auf dem Leib aus Shanghai zurückgekehrt ist.

Ryosukes Witwe Akiko und ihre drei Kinder leben ebenfalls in einem der Nebengebäude, aber im Dorf wird gemunkelt, die

Bewohner des Anwesens seien sich über nichts einig und lägen in ständigem Streit miteinander.

Das waren also die Fakten des Honjin-Mordfalls. Ich möchte hinzufügen, dass ich nie die Absicht hatte, meine Leserschaft in die Irre zu führen. Ich habe von Anfang an erklärt, wo sich die Wassermühle befindet. Bereits im ersten Kapitel schrieb ich, ich hätte das Gefühl, dem Mörder Dank für die Erfindung der teuflischen Methode zu schulden, mit der er brutal einen Mann und eine Frau erstach.

Der Mann und die Frau, auf die ich mich bezog, waren natürlich Kyokichi Shimizu, der Mann mit den drei Fingern, und Katsuko, die Braut. Katsuko wurde erstochen, während Kyokichi der Stich zugebenermaßen erst nach seinem Tod beigebracht wurde. Ich habe absichtlich nicht »brutal ermordet« geschrieben. Wenn Sie, liebe Leserin, lieber Leser, angenommen haben, dass ich mich auf Kenzo und Katsuko bezöge, ist das allein Ihre Schuld.

Im gleichen Kapitel schrieb ich bei meiner Schilderung des Tatorts nur von dem »in seinem eigenen karmesinroten Blut liegenden Brautpaar«, ohne je zu behaupten, die beiden seien ermordet worden. Ich habe meine Geschichte im Stil klassischer Kriminalromane geschrieben, von denen ich insbesondere *Alibi* von Agatha Christie nennen möchte.

Bevor ich das Manuskript für dieses Buch abschloss, stattete ich dem Anwesen der Ichiyanagis einen letzten Besuch ab. Bei meinem ersten Aufenthalt war es vorfrühlingshaft kalt gewesen. Nirgendwo spross auch nur das leiseste Grün, und die Raine der Reisfelder waren kahl. Doch nun im Herbst wogte, so weit das Auge reichte, goldgelber Reis auf den Feldern. Noch einmal ging ich an der inzwischen baufälligen Wassermühle vorbei und kletterte bis an die Klippe hinauf, die die nördliche Grenze des Grundstücks bildet. Ich kämpfte mich durch den dichten Bambus, bis ich schließlich in südlicher Richtung das gesamte Anwesen vor mir hatte. Den Dorfbewohnern zufolge hatten Vermögensteuer und Agrarreformen auch der Familie Ichiyanagi derart zugesetzt, dass ihr Niedergang nicht aufzuhalten war. Vielleicht bildete ich es mir nur ein, aber als ich auf das einst so stolze Anwesen der Honjin-Erben blickte, glaubte ich, darauf den dunklen Schatten des Verfalls zu erkennen.

Ich ließ meinen Blick zu der Stelle schweifen, an der Suzuko ihr geliebtes Kätzchen begraben hatte. Der Boden war mit tiefroten Spinnenlilien bedeckt – gerade so, als wäre die Erde dort vom Blut der armen kleinen Suzuko getränkt.

Personenregister

FAMILIE ICHIYANAGI

Itoko – Familienoberhaupt, Witwe

Kenzo – ältester Sohn und Katsukos Bräutigam

Taeko – ältere Tochter, lebt in Shanghai

Ryuji – zweiter Sohn, Arzt in Osaka

Saburo – jüngster Sohn, derzeit beschäftigungslos

Suzuko – jüngere Tochter, gilt als etwas zurückgeblieben

Ryosuke – Cousin von Kenzo und seinen Geschwistern, verwaltet das Familienvermögen

Akiko – Ryosukes Ehefrau

Ihei – Großonkel von Kenzo und Ryosuke, jüngerer Bruder von Sakues und Hayatos Vater

Sakue – Itokos verstorbener Ehemann und Vater der fünf Kinder

Hayato – Sakues verstorbener Bruder und Vater von Ryosuke

FAMILIE KUBO

Katsuko – Kenzos Braut, Lehrerin in Okayama

Ginzo – Onkel der Braut, erfolgreicher Obstbauer

Rinkichi – verstorbener Vater von Katsuko, Bruder von Ginzo

Shizuko Shiraki – Freundin von Katsuko

DIENERSCHAFT

Kiyo – Dienstmädchen

Nao – Köchin

Genshichi – Diener

Shukichi – Betreiber der Wassermühle

POLIZEIBEAMTE

Kommissar Isokawa

Kimura – sein Assistent

PRIVATDETEKTIV

Kosuke Kindaichi

Glossar

Ainu – Indigene im nördlichen Japan.

–chan – Suzu-chan, zärtliche Anrede für Suzuko.

Chugoku-kaido – Hauptverkehrsstraße von Zentraljapan in den Osten des Landes, auf der in der →Edo-Zeit die →Daimyo mit ihrem Gefolge in die Hauptstadt Edo zogen. Die ausschließlich diesen Adligen vorbehaltenen Gasthäuser an der Straße waren sogenannte →Honjin. Siehe auch →Tokaido.

Daimyo – Lehensfürsten, die jedoch dem Shogun unterstanden und verpflichtet waren, die Hälfte des Jahres in seiner Hauptstadt Edo zu verbringen. Auf ihren Reisen dorthin übernachteten sie mit ihren Familien und ihrem Gefolge in den →Honjin.

Edo-Zeit – Epoche von 1603–1869, benannt nach der im Osten Japans liegenden Hauptstadt Edo, heute Tokio.

Engawa – hölzerner Umgang an traditionellen Wohnhäusern, äußerer Korridor.

Furisode – »schwingende Ärmel«, Festkimono mit besonders langen, ausladenden Ärmeln.

Fusuma – mit Papier bespannte Schiebetür oder -wand.

Geta – japanische Sandale mit hölzernem Fußbett, an dessen unterer Seite sich zwei hölzerne Querstege befinden.

Hakama – traditioneller japanischer Hosenrock.

Haori – halblange Jacke, die über dem Kimono getragen wird.

Honjin – Gasthäuser in der →Edo-Zeit, die hochrangigen Adligen vorbehalten waren.

Inoue, Eizo (1902–1947) – Dozent an der Waseda-Universität und Übersetzer zahlreicher Werke westlicher Literatur, u. a. aus der Ellery-Queen-Serie.

Kamishimo – zeremonieller Überwurf für Männer.

Kanji – bedeutungstragende japanische Schriftzeichen, ursprünglich aus China übernommen.

Kappa – zu Streichen aufgelegter Flusskobold, der den Menschen auch gefährlich werden kann.

Kasuri – Stoffe, die mit speziell gefärbten Fasern gewebt wurden, um Muster zu erzeugen, die sich durch ein verschwommenes oder gebürstetes Aussehen auszeichnen.

Katana – japanisches Schwert.

Koto – 13-saitige Wölbbrettzither.

Mandarinente – gilt in Ostasien als Symbol ehelicher Treue.

Manju – süß oder pikant gefüllter Hefekloß, hier aus Buchweizenmehl.

Muramasa-Schwert – Muramasa war einer der berühmtesten japanischen Schwertschmiedemeister aus dem 16. Jahrhundert. In der Literatur sind Muramasa-Schwerter häufig verflucht.

Obi – Schärpe, die zum Kimono getragen wird.

Okamisan – Wirtin oder Inhaberin eines Geschäfts.

Ranma – durchbrochenes »Oberlicht« über Türen und Fenstern, um Licht und Luft in einen Raum zu lassen.

Sadamune – berühmter japanischer Schwertschmied aus dem 14. Jahrhundert.

-san – allgemeine an japanische Namen oder Berufsbezeichnungen angehängte Anrede, »Herr« oder »Frau«.

Seppuku – rituelle Selbsttötung durch Bauchaufschneiden, im Westen als Harakiri bekannt.

Shogunat – Jahrhunderte dauernde Regentschaft durch Shogune, in der der japanische Kaiser nur nominelle Macht besaß. 1867 wurde dieses Regierungssystem durch die sogenannte Meiji-Restauration abgelöst, in der der Tenno in seine alten Rechte eingesetzt wurde.

Shoji – verschiebbare, lichtdurchlässige Türen oder Raumteiler.

Showa-Zeit – 1926–1989, Regierungszeit Kaiser Hirohitos.

Soba-Manju – →Manju aus Buchweizen.

Tabi – knöchel- oder kniehohe Socken mit abgeteiltem großem Zeh.

Tatami – mit Reisstroh gespanntes Bodenelement, traditioneller japanischer Bodenbelag, dient auch zur Flächenangabe von Zimmergrößen.

Tokaido – »Ostmeerstraße«, Hauptverkehrsstraße, die das kaiserliche Kyoto mit Edo, der Hauptstadt des Shoguns, verband und wesentlich bedeutender war als die →Chugoku-kaido, an der das →Honjin der Familie Ichiyanagi lag.

Tokonoma – in die Wand eingelassene Schmucknische, in der Rollbilder und Blumengestecke ausgestellt werden.

Uchikake – Kimono-Überwurf aus schwerem, edlem Material. Teil des Hochzeitskimonos.

Yakuza – Oberbegriff für japanische kriminelle Organisationen, »japanische Mafia«.